Fohrmann*Verlag

Dr. Petra Fohrmann studierte Theater-, Film- und Fernsehwissenschaft an der Universität zu Köln und wurde an der Hochschule für Film und Fernsehen in Potsdam promoviert. Seit 1984 ist sie für verschiedene internationale Medienunternehmen tätig. 2005 hat sie ihren eigenen Verlag gegründet und lebt bei Bonn und in Berlin.

Für Dagmar

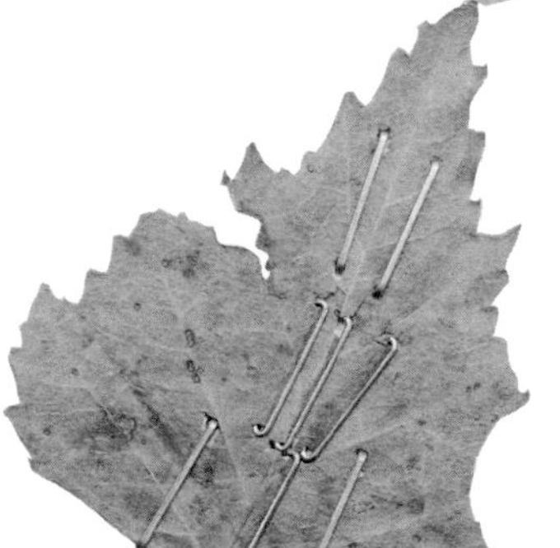

Impressum

1. Auflage 2005

Lektorat: Karin Dirks
Tagebuch-Ablichtungen:
Tim Kaufhold

Umschlaggestaltung und Layout:
co-d, Berlin
Druck und Bindung:
Printec Offset, Kassel
Printed in Germany

ISBN 3-9810580-0-3

www.fohrmann-verlag.de

Petra Fohrmann

Ein Leben ohne Lügen!

Die Tagebücher der Dagmar B.

Fohrmann*Verlag

Ich danke Prof. Dr. Wilhelm Salber, langjähriger Direktor des Psychologischen Instituts der Universität zu Köln, für seine Sicht auf Dagmars Lebenswerk:

„Wir Erwachsenen leben heute in einer Welt voller Klischees. Nur Kindern ist für kurze Zeit ein ungefilterter Blick auf das Leben möglich. Dagmar B., eine Frau mit Down-Syndrom, hat ihr seelisches Gleichgewicht gefunden, indem sie fernab von allen Klischees die Welt zu verstehen versuchte. Sie öffnet uns eine neue, unverbaute Perspektive auf das Leben.
Wer nach dem Sinn des Lebens fragt, der kommt ihm hier ein Stück näher."

VORWORT

Seitdem im Jahre 1866 zum ersten Mal das Down-Syndrom beschrieben wurde, sind zahlreiche Bücher über diese Art der Behinderung erschienen. Die Autoren waren Mediziner, Fachpädagogen, Psychologen und einige wenige Eltern eines behinderten Kindes. Doch es wurde kaum ein Buch aus der unmittelbaren Sicht und mit den eigenen Worten eines Menschen mit Down-Syndrom veröffentlicht. Dies mag auch daran liegen, dass in der Geistigbehindertenpädagogik die subjektive Lebenserfahrung noch vor wenigen Jahren für unwichtig und irrelevant gehalten wurde. Erst Ende der 1970er Jahre begann man sich auch mit der pädagogischen Biografieforschung zu beschäftigen. Da sich diese in der Praxis aber als recht schwierig erweist, dürften Dagmars Aufzeichnungen in ihrer Art und in ihrem Umfang auch für die Wissenschaft von ganz besonderem Interesse sein. Endgültig aufräumen dürfte dieses Buch mit dem lange vorherrschenden Vorurteil, dass Menschen mit Down-Syndrom aufgrund ihrer kognitiven Beeinträchtigung ein eingeschränktes Zeitbewusstsein haben. Dies gilt in der Geistigbehindertenpsychologie immer noch als deutlichstes Merkmal einer geistigen Behinderung. Als 17-Jährige begann Dagmar mit dem Schreiben ihrer Tagebücher und setzte dies über einen Zeitraum von dreißig Jahren bis zu ihrem Lebensende fort. Völlig frei von jeglicher Aufsicht oder gar Korrektur schrieb sie ihre Erlebnisse, Gedanken und Gefühle auf. Der ethische Grundsatz der Freiwilligkeit in der Biografieforschung, den die Pädagogen in der Zusammenarbeit mit den von uns als behindert bezeichneten Menschen verfolgen, galt in Dagmars privatem Umfeld als selbstverständlich.

In diesem Buch werden Auszüge aus ihren insgesamt sechzehn Tagebüchern veröffentlicht. Die Texte sind weitestgehend unkorrigiert geblieben, da Dagmars individueller Stil nicht verfälscht werden sollte. Ihre Schreibfähigkeit war so ausgeprägt, dass die Aufzeichnungen ohnehin gut verständlich sind. Erst in späteren Jahren, als sich auch ihr Gesundheitszustand verschlechterte, änderte sich das. Dagmars Tagebücher gewähren in ihrer Originalfassung erstmals auch einen direkten Einblick in die Entwicklung eines Menschen mit Down-Syndrom. Die einzigen Änderungen

an Dagmars Texten betreffen die Namen und Orte, die sie aufführte. Dies geschah aus rechtlichen Gründen. Gleichzeitig bitte ich alle Verwandten und Freunde, die sich gerne namentlich hier wiedergefunden hätten, um Verständnis. Ich bin allerdings sicher, dass sich jede/-r Einzelne auch unter dem Pseudonym wiedererkennen wird.
Mit Hilfe ihrer Mutter, bei der Dagmar ihr Leben lang wohnte, konnten die Tagebuchaufzeichnungen ergänzt und eingeordnet werden.
Dagmar musste sich in einer Welt zurechtfinden, die sie nicht immer verstand. Der Tod ihres Vaters war ein harter Schicksalsschlag in ihrem Leben. Später beschrieb sie, wie ihre geistigen Fähigkeiten nachließen. Dennoch war Dagmar ein überwiegend fröhlicher Mensch, der die Freuden des Lebens genießen konnte, aber auch mit Problemen umzugehen wusste. Die Aufzeichnungen machen deutlich, dass ihre Gefühls- und Gedankenwelt durchaus mit der eines Menschen ohne Behinderung zu vergleichen ist. Ob das Beschriebene immer der Realität entsprach, mag dabei keine Rolle spielen. Ausschlaggebend ist nur, was bei ihr angekommen ist und wie sie es reflektiert hat. Dagmars Tagebücher können dazu beitragen, behinderte Menschen ernster zu nehmen und sie nicht zu unterschätzen.
Ihre Angehörigen fragten mich während der Recherchen für dieses Buch, wer sich außer ihnen wohl noch für Dagmars Tagebücher interessieren könnte. Nachdem ich sie gelesen habe, möchte ich behaupten, dass sie das Interesse eines jedes Menschen wecken können.

1953
DIE ERSTEN MONATE IN DAGMARS LEBEN

Der Arzt – ein Freund der Familie – untersuchte das acht Monate alte Baby gründlich. Die Mutter machte sich große Sorgen um die kleine Dagmar, weil sie sich nicht so entwickelte, wie es ihrer Ansicht nach sein müsste. Nach der Untersuchung ging der Arzt zum Bücherregal und zog ein Handbuch hervor. Er schlug es auf und legte es der Mutter mit besorgter, ja gar beschämter Miene vor. Kein Wort der Erklärung kam über seine Lippen. Etwas irritiert begann sie zu lesen. Er hatte ihr das Kapitel über Menschen mit Down-Syndrom aufgeschlagen.
Obwohl Gerda B. selbst über ein fast abgeschlossenes Medizinstudium verfügte, traf sie diese Nachricht völlig unvorbereitet. Rückblickend ist sie der Ansicht, dass sie es damals wohl geahnt, aber nicht hatte wahrhaben wollen. Ihr Unterbewusstsein hatte diese Vermutung so fest verschlossen, dass sie einen Arzt um Rat fragte, als Dagmar im Vergleich zu anderen Babys nicht die üblichen Entwicklungsfortschritte zeigte. Es gibt einige Erzählungen von Müttern, die von ähnlichen Verdrängungsmechanismen berichten.
Die Entwicklungsstörung „Down-Syndrom" – früher besser bekannt unter der Bezeichnung „Mongolismus" – wurde 1866 von dem englischen Arzt John Langdon Down (1828-1896) beschrieben und nach ihm benannt. Fast alle Menschen mit Down-Syndrom weisen in jeder Körperzelle ein überzähliges Chromosom auf, das für die Krankheit verantwortlich gemacht wird. Gemeint ist das einundzwanzigste Chromosom, das nicht zweimal, sondern dreimal vorhanden ist. Daher wird diese Art der Entwicklungsstörung auch als „Trisomie 21" bezeichnet. Lediglich ein Prozent der betroffenen Menschen haben dieses zusätzliche Chromosom nur in wenigen Zellen. Bei ihnen ist die geistige Behinderung schwächer ausgeprägt.
Früher hielten sich Ärzte an eine „Schonfrist" von einigen Tagen, bevor sie die Mutter nach der Geburt über die Behinderung ihres Kindes aufklärten. Hinzu kommt, dass der Arzt nicht immer bereits bei der Geburt deutliche Anzeichen des Down-Syndroms erkennen kann. Ein zuverlässiger Test steht den Medizinern erst seit 1959 zur Verfügung – da war Dagmar bereits sechs Jahre alt.

DAGMARS KINDHEIT

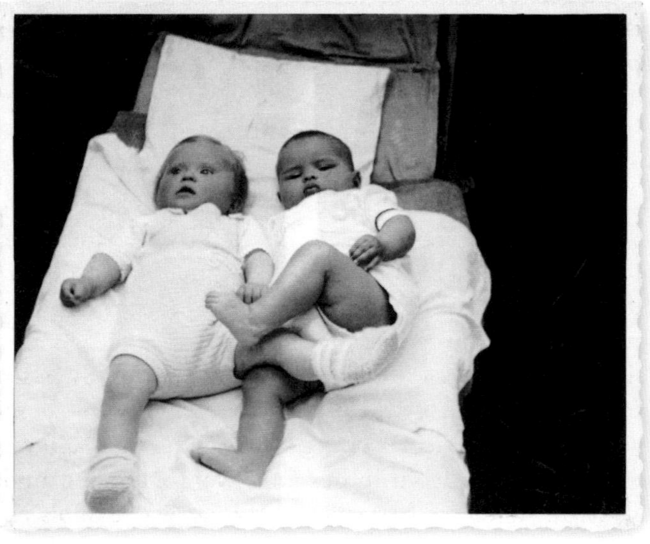

Dagmar (links) als Baby

Wie Gerda B. mit dieser Nachricht umging, soll und kann an dieser Stelle nicht geschildert werden. Dagmar wuchs in ihrer Familie auf und blieb zeitlebens bei ihrer Mutter. Sie nahm weitestgehend am normalen Leben teil. Als Kind spielte sie mit den Nachbarkindern auf der Straße und wurde zu deren Geburtstagen eingeladen. Ihr älterer Bruder nahm sie zum Fußballspiel mit, weil er der Meinung war, dass sie auch dies kennen lernen sollte. Gerda B. hörte mit ihr klassische Musik und las ihr Gedichte vor, was Dagmar ganz besonders liebte. Doch eine normale Schule konnte Dagmar nicht besuchen. Das ist bei Kindern mit Down-Syndrom nur selten möglich. Ein Lehrer behauptete damals, Dagmar würde niemals Schreiben und Lesen lernen können. Viele Jahre später schrieb Dagmar ihm einen Brief, der seine damalige Auffassung grundlegend veränderte. Die Perspektive, dass ihre Tochter niemals Schreiben und Lesen lernen würde, war für Gerda B. besonders schmerzlich, weil beides in ihrem Leben eine wichtige Rolle spielt.

DAGMAR BRACHTE SICH SCHREIBEN UND LESEN BEI

Wie Dagmar Schreiben und Lesen lernte, ist nicht nur aus wissenschaftlicher Sicht eine außergewöhnliche Geschichte: Dagmar schaute sehr gerne fern. Eines Tages, als sie mit ihrer Mutter im Supermarkt einkaufte, las sie ihr plötzlich die Namen der Waschmittel vor, die sie aus der Fernsehwerbung kannte. Es zeigte sich später, dass sie die Namen nicht nur auswendig wusste, weil sie die Verpackung wiedererkannt hatte. Sie begann die Wörter auch aufzuschreiben. Als Dagmars Eltern einmal von einer Besorgung nach Hause zurückkamen, zeigte Dagmar ihnen einen Zettel. Auf dem hatte sie den Namen und das Anliegen eines Mannes notiert, der während der Abwesenheit der Eltern an der Haustür geklingelt hatte. Gerda B. erinnert sich, dass nicht alles richtig geschrieben war, aber sie konnte Dagmars Notiz entnehmen, wer dort gewesen war und was er gewollt hatte. Aus wenigen Wörtern wurden ganze Sätze. Als Dagmars Mutter sah, dass ihre Tochter sehr wohl in der Lage war, Schreiben und Lesen zu erlernen, förderte sie dieses Bestreben. Dagmar war damals elf Jahre alt.

Auch andere Down-Syndrom-Betroffene können schreiben und lesen. Aber es gibt wohl kaum ein Kind, das es sich wie Dagmar selbst beigebracht hat.

Im Jahre 1966 veröffentlichte Nigel Hunt als erster Mensch mit Down-Syndrom ein selbst geschriebenes Buch mit Erzählungen aus seinem Leben. Sein Vater, Rektor einer Schule, beschreibt im Vorwort, wie intensiv seine Frau Grace damit beschäftigt war, ihrem behinderten Sohn das Schreiben und Lesen beizubringen. Ihr Erfolg ist auf unermüdliches Lernen und viel Geduld zurückzuführen. Später besuchte Nigel Hunt sogar eine private Schule, wo er nach Ansicht seines Vaters „bei strenger und liebevoller Erziehung einen hervorragenden Unterricht bekam“. Auch von einem „Trainingslager“ ist die Rede. Das Buch nennt sich zwar „Tagebuch eines mongoloiden Jungen“, ist aber tatsächlich eine nachträgliche Erzählung Nigels über Bereiche und Erlebnisse aus seinem Leben. Die leitende Hand des Vaters ist zu spüren. So berichtet Nigel Hunt, dass er am liebsten nur über Pop-Musik geschrieben hätte. Aber sein Vater sei der Meinung ge-

wesen, dass sich die Leute mehr für seine Abenteuer interessieren würden. Daher schrieb Nigel nur kurz über seine musikalische Vorliebe.
Die Förderung der Kinder mit Down-Syndrom hat sich im Laufe der Jahrzehnte wesentlich verbessert. Doch bis heute erachten es nicht alle Sonderschulen für sinnvoll, den Schülern mit dieser Behinderung Lesen oder gar Schreiben beizubringen. Viele Lehrer und auch Eltern befürchten, dass sie ihr Kind mit dem Lese- und Schreibunterricht überfordern könnten.

1970
DAGMAR BEGANN IHRE TAGEBUCHAUFZEICHNUNGEN

Dagmar begann mit siebzehn Jahren aus eigenem Antrieb Tagebuch zu schreiben. Nachdem sie Jahre später im Kino den Film über Anne Frank gesehen hatte, fühlte sie sich dabei in guter Gesellschaft und notierte Folgendes:

> *23.9.1976*
> *Ich durfte heute nachmittag ins Kino. Andrea und Maria, ihre Freundin, waren so lieb und nahmen mich mit.*
> *Das Tagebuch der Anne Frank*
> *Von 12. Juni 42 – 1. August 44 schrieb ein Mädchen mit dem bekannten Namen Anne Frank Tagebuch. Anne hat noch eine Schwester die Margot hieß und Eltern, die in Amsterdam wohnten in einem Hinterhaus vielen Bekannten die dazu zogen. Alles jüdische Familien. Anne ist Jüdin und ganz verliebt in Peter. Dauernd sitzen sie zusammen. Margot ist eifersüchtig auf Anne. Ein Einbrecher wirkte in den Räumen. Die grüne Polizei fand auch Franks und brachten sie ins Konzentrationslager. Anne Frank wurde ins Vernichtungslager nach Bergen-Belsen gebracht wo sie kurze Zeit später starb. Im März 1945 lebte Anne nicht mehr. Bei alten Büchern und Zeitungen fand man Annes Tagebuch.*
> *Ich bin nicht die einzige die Tagebuch schreibt, ich kenne mehrere die auch Tagebuch schreiben würden wie ich.*

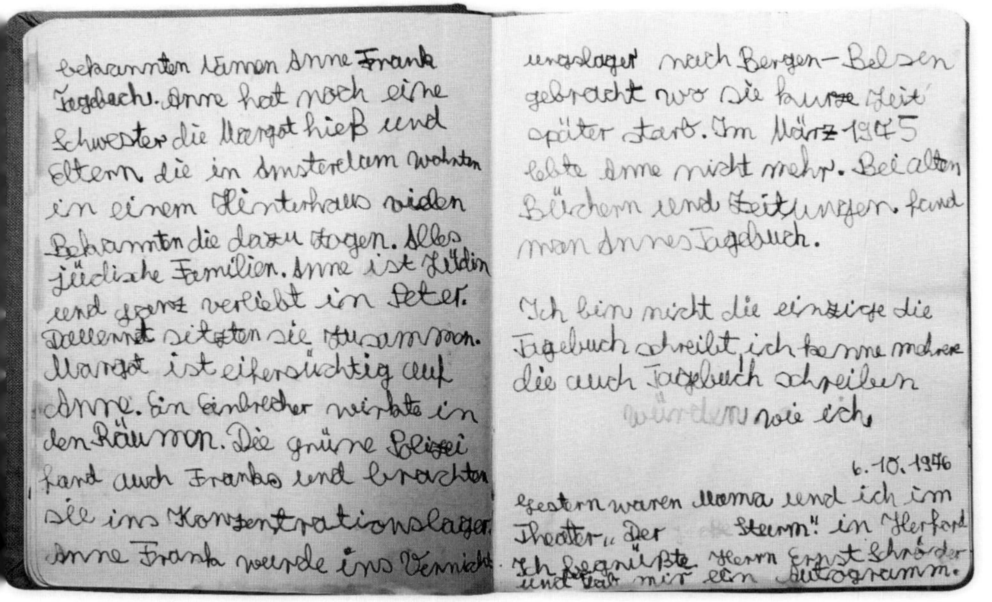

bekannten Namen Anne Frank
Tagebuch. Anne hat noch eine
Schwester die Margot hieß und
Eltern die in Amsterdam wohnten
in einem Hinterhaus mit den
Bekannten die dazu zogen. Alles
jüdische Familien. Anne ist Jüdin
und ganz verliebt in Peter.
Dauernd sitzten sie zusammen.
Margot ist eifersüchtig auf
Anne. Ein Einbrecher wirkte in
den Räumen. Die grüne Polizei
fand auch Franks und brachten
sie ins Konzentrationslager.
Anne Frank wurde ins Vernicht-
ungslager nach Bergen-Belsen
gebracht wo sie kurze Zeit
später starb. Im März 1945
lebte Anne nicht mehr. Bei alten
Büchern und Zeitungen fand
man Annes Tagebuch.

Ich bin nicht die einzige die
Tagebuch schreibt, ich kenne mehrere
die auch Tagebuch schreiben
würden wie ich.

6.10.1976
Gestern waren Mama und ich im
Theater „Der Sturm“ in Herford
Ich begrüßte Herrn Ernst Schröder
und bat mir ein Autogramm.

Dagmar war sich nicht bewusst, dass ihre Fähigkeit, schreiben und lesen zu können, etwas Besonderes war. Und so begann sie ihr erstes Tagebuch in ihrer schönsten Schreibschrift am Heiligen Abend 1970, als wäre es die normalste Sache der Welt. Ihr erstes Tagebuch war ein sehr klassisches mit einem goldenen Schloss. Sie hatte es von einer Freundin geschenkt bekommen.

24. Dezember 1970
Als ich heute früh aufstand bekam ich ein Anruf vom Krankenhaus. Schwester Gina Gruber schenkte mir ein Schatzkästchen mit Parfüm. Mittags fuhren wir zu Bärbel Kühn und brachten Geschenke hin. Bärbel freute sich sehr als wir kamen. Nachmittags sah ich Fernsehn. Wir warten aufs Christkind mit Pippi Langstrumpf. Abends als mein Papa vom Dienst kam zündet meine Mama den Tannenbaum an. Ich betrachtete die Geschenke.

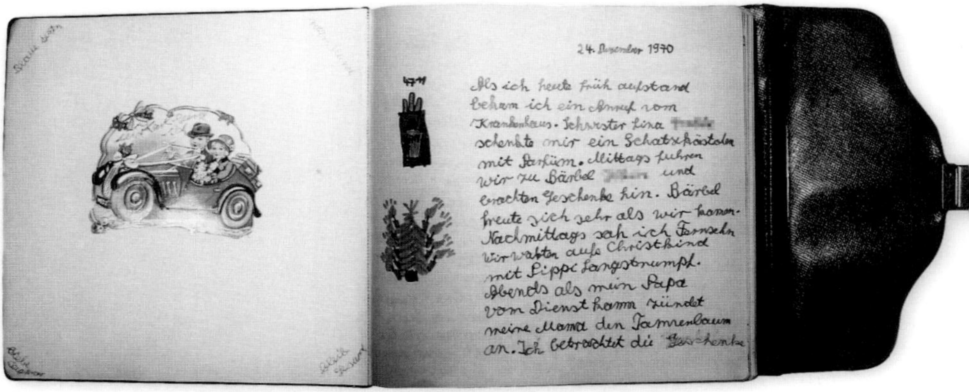

Fachpädagogen haben zahlreiche eigenständig erstellte Texte behinderter Kinder an Sonderschulen untersucht. Meistens handelt es sich um Erlebnisberichte, die aus dem einfachen Aufzählen von Ereignissen und Tätigkeiten bestehen. So auch in Dagmars erstem Tagebucheintrag.
Aber Dagmar schrieb nicht nur für sich. Dies wird an vielen Stellen deutlich. Sie war auch stets darauf bedacht, dem Leser ein verständliches Bild zu vermitteln. So zum Beispiel von ihrer Familiensituation:

> *30. Juni 1972*
> *Ich bin am 18.10.1953 geboren und wohnte noch in Schwerte. Früher hatte ich einen Bruder, der jetzt 27 Jahre ist und in Hannover lebt. Meine Eltern wohnten in Berlin und in Schwerte seit der Geburt. Nun sind sie verheiratet und haben Elmar und mich bekommen. Damals spielte ich noch mit meinen anderen Freundinnen die dort wohnten. Nun sind sie doch meine Freundinnen geworden (Annegret Scheider sowie Beate Lahn). Wir sind oft umgezogen seit meiner Geburt sind wir zur Sichelstraße gezogen dann zum Steinmetzweg 41. Dann gings nach Herford, Wildbach 33 von da aus zum Alter Bach 5. Nun lebe ich dort seit 18. Lebensjahr. Zur Schule bin ich auch gegangen seit 1964 war ich in einer Sonderschule. Früher in Neu Eben Ezer, seit 16. Lebensjahr bin ich entlassen.*

Ihr erstes Tagebuch umspannt den Zeitraum von Ende 1970 bis August 1974 und enthält sehr unterschiedliche Erinnerungen. Beim Lesen hat man den Eindruck, dass Dagmar sich als Person zunächst vorstellen wollte und Dinge aufschrieb, weil es ihr Freude bereitete, ein Tagebuch zu führen. Es finden sich aber auch Eintragungen, in denen sie sich ihren Kummer von der Seele geschrieben hat. Sie beschreibt Gefühle, die jeder von uns kennt. Es geht sehr oft um Freundschaft und Probleme, die damit verbunden sind:

Eifersucht

13. Januar 1971
Heute schrieb mir meine Freundin, ich freute mich sehr darüber das sie an mich denkt. Ich habe eine neue Freundschaft begonnen mit Susanne Schütz die in Saarbrücken studiert. Wir haben uns noch nicht geschrieben. Meine anderen Freundinnen wissen das noch nicht das ich eine andere liebe. Ich erzähle es niemanden und meine erst beste Freundin darf es nicht erfahren sonst ist die Freundschaft aus.

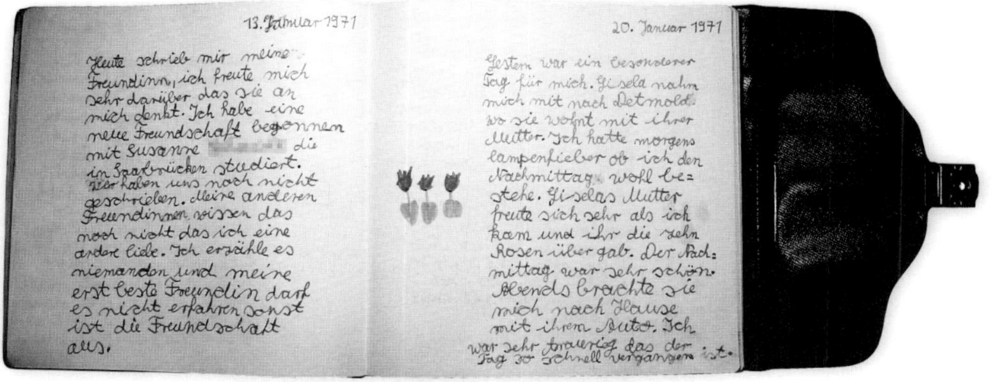

13. Januar 1971

Heute schrieb mir meine Freundinn, ich freute mich sehr darüber das sie an mich denkt. Ich habe eine neue Freundschaft begonnen mit Susanne [redacted] die in Saarbrücken studiert. Wir haben uns noch nicht geschrieben. Meine anderen Freundinnen wissen das noch nicht das ich eine andere liebe. Ich erzähle es niemanden und meine erst beste Freundin darf es nicht erfahren sonst ist die Freundschaft aus.

20. Januar 1971

Gestern war ein besonderer Tag für mich. Gisela nahm mich mit nach Detmold. wo sie wohnt mit ihrer Mutter. Ich hatte morgens lampenfieber ob ich den Nachmittag wohl be=stehe. Giselas Mutter freute sich sehr als ich kam und ihr die zehn Rosen über gab. Der Nach=mittag war sehr schön. Abends brachte sie mich nach Hause mit ihrem Auto. Ich war sehr traurig das der Tag so schnell vergangen ist.

Streit

Im Juli 71
Ich bin mit Gisela Knau zerstritten. Ich besuche sie auch nicht mehr im Krankenhaus. Sie kann meinen Pudding selber essen. Ich habe auch noch andere Freundinnen.

Hänseleien

2. und 3. Mai 1974
Gestern war ich wieder mal in der Schule in Neu Eben Ezer. Die Mädchen haben mich gehänselt, wegen einer Sache, die unwichtig ist. Ich wurde sehr traurig und weinte sehr. Dann haben mich alle nachgemacht nur wegen meiner Bauchschmerzen. Das finde ich sehr doof das ich in die doofe Schule muß, wenn sie mich alle ärgern wollen.
In mein Tagebuch darf keiner mehr lesen.

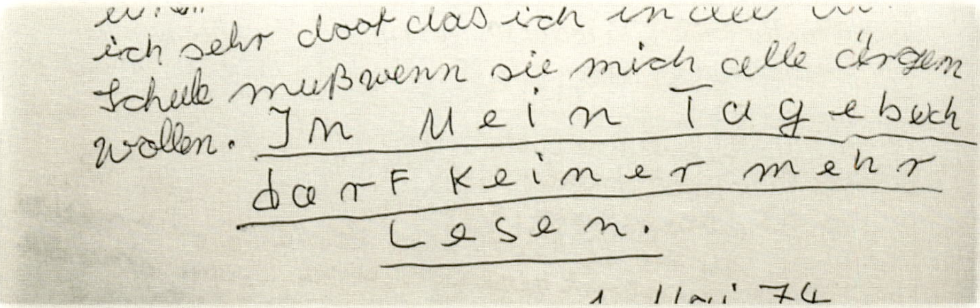
ich sehr doof das ich in
Schule mußwenn sie mich alle ärgern
wollen. Im Mein Tagebuch
darF keiner mehr
Lesen.
1. Mai 74

In ihren Tagebüchern spielt das Verhältnis zu den Menschen in ihrer Umgebung eine große Rolle. Dagmar war sehr verletzlich, liebte Harmonie und konnte Streitereien kaum ertragen.

PUPPENMUTTER DAGMAR

Wie viele Kinder schuf sich Dagmar mit ihrer Puppensammlung eine eigene Welt. Die Auswahl ihrer Puppen traf sie selbst. Ihre Vorliebe galt dabei den Käthe-Kruse-Puppen.

28. Juni 1974
Eine große Puppenmutti
Ich möchte von meinen 5 Puppen eine Erzählung machen:
Susanne ist 12 Jahre und meine ältere Tochter. Sie ist sehr lieb zu mir. Auch manchmal bockig, wenn sie nicht das darf, was sie möchte. Ihr größter Wunsch, was erfüllt wurde, ist Reitlehrerin.
Ilona meine zweite Tochter ist 11 Jahre, ist noch in der Schule bis zum Abitur. Sie möchte Tier- oder Kinderärztin werden, sie ist auch lieb zu mir, aber manchmal will sie keine Hausaufgaben machen.
Imke und Karin, die Zwillinge sind 7 Jahre alt und in der 1. Schulklasse und machen schon Fortschritte um in die zweite Klasse zu kommen. Ihr größter Wunsch ist singen ein paar Vorführungen hatten sie schon im Fernsehen. „Disco 73", der blaue Bock, Aktion Sorgenkind.
Bianka ist meine kleinste und 1 Jahr alt. Ihr allererster Wunsch Schauspielerin. Ich helfe ihr zwar aber sie will noch nicht alles mitmachen. Sie besucht auch schon die Schule, aber alles macht sie nicht mit.
Ich bin Journalistin und viel tätig auch dauernd auf Reisen zum Fernsehen. Zur Zeit Schulleiterin, da habe ich sehr viel zu arbeiten. Mein Mann ist Chefarzt von Beruf und ist in Bielefeld tätig bei meiner Schwester und Schwager. Ich sehe ihn mein Jürgen sehr selten.

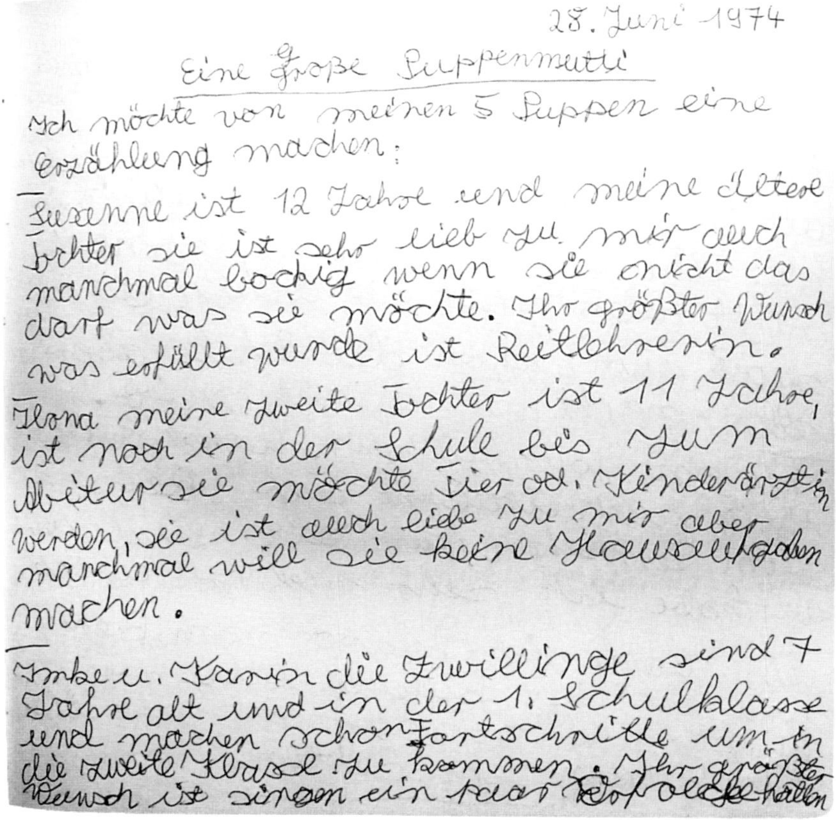

28. Juni 1974

Eine Große Puppenmutti

Ich möchte von meinen 5 Puppen eine Erzählung machen:

Susanne ist 12 Jahre und meine älteste Tochter sie ist sehr lieb zu mir auch manchmal bockig wenn sie nicht das darf was sie möchte. Ihr größter Wunsch was erfüllt werde ist Reitlehrerin.

Ilona meine zweite Tochter ist 11 Jahre, ist noch in der Schule bis zum Abitur sie möchte Tier od. Kinderärztin werden, sie ist auch liebe zu mir aber manchmal will sie keine Hausaufgaben machen.

Imke u. Karin die Zwillinge sind 7 Jahre alt und in der 1. Schulklasse und machen schon Fortschritte um in die zweite Klasse zu kommen. Ihr größter Wunsch ist singen ein paar [illegible]

Dagmar hatte eine blühende Phantasie. Vieles aus dem realen Leben projizierte sie auf ihre Puppen. Während sie beispielsweise Schule mit ihnen spielte, durfte sie von niemandem gestört werden. Ihre Mutter erinnert sich, dass sie oft mit ihren Unternehmungen warten musste, bis Dagmar ihren Unterricht beendet hatte.

1974
DAGMAR WURDE ERWACHSEN

Dagmar wurde eine erwachsene Frau und blieb dennoch ein Kind. Einerseits spielte sie mit Puppen, andererseits ging sie – wenn auch in eingeschränktem Maße – wie eine Erwachsene einer Beschäftigung nach. Sie arbeitete einmal in der Woche für drei Stunden in einem kleinen privaten Unternehmen. Dagmar arbeitete dort mit Menschen ohne Behinderung zusammen, von denen sie auch herzlich aufgenommen wurde. Ihr erstes Tagebuch endet mit dem Verlust ihrer Stelle:

Ende des Tagebuches 1. Teil
26. August 1974
Heute abend habe ich erfahren, dass ich nicht mehr arbeiten kann. Herr Krämer ist pleite geworden für ganz. Ich bin nun arbeitslos für immer. Es war sehr schön dort.

Aber das Blatt wendete sich wieder mit Beginn des zweiten Tagebuches:

20.9.1974
Nun hat es sich zugetragen, habe ich wieder eine neue Arbeitsstelle, ich freu mich sehr darüber, deshalb habe ich heute Nacht auch gut geschlafen bis heute früh den 21. September. Diese Woche fange ich auch wahrscheinlich wieder an zu arbeiten in Leopoldshöhe (Kunstlederjacken).

Sie wurde wieder in ihrer alten Firma gebraucht, die nun doch nicht geschlossen werden musste. Das Wiedersehen mit ihren Kolleginnen war für Dagmar ein ganz besonderes Erlebnis.

26. September 1974
Heute früh ging es nun los nach Leopoldshöhe. Ich stieg aus dem Auto raus und traf Herrn Krämer, dann bin ich hinein gegangen. Frau Krämer und klein Töchterchen sowie Frau Bach standen dort

und freuten sich. Frau Bach wäre bald umgefallen wie sie mich sah, dann sind wir raufgegangen. Frau Schuster wusste nicht mehr, was sie sagen wollte. Sie dacht sich da steht der Weihnachtsmann und flog bald um mit dem Bügeleisen. Wir haben uns unterhalten, dann bot mir Frau Bach Platz an auf einem Stuhl. Nun fing ich an zu arbeiten und mußte mit der Schere arbeiten und das ging prima. Und wir hatten einen richtigen Spaß gehabt. Wir hatten auch Musik wieder. Alle freuten sich, dass ich wieder dabei bin. Und da bleibe ich auch. In der Pause durften alle meine Fotos ansehen. Dann gings weiter. Um 12 Uhr holte mich Mama wieder ab. Sie kam von Bielefeld. Da fährt sie öfters hin, wenn ich arbeiten will.

Dagmar war gerne mit Menschen zusammen und hatte Freude an ihrer Arbeit in der kleinen Firma. Sie war bei den meisten Menschen, die sie kannten, sehr beliebt. Ihre Mutter erzählt beispielsweise, dass alle Geburtstagsfeiern der Mitarbeiter dieser Firma auf einen Mittwoch gelegt wurden, weil dies Dagmars Arbeitstag war. So verpasste sie keine Feier.

ENDLICH VOLLJÄHRIG!

Am 18. Oktober 1974 wurde Dagmar einundzwanzig und damit volljährig. Für sie war es ein ganz wichtiger Tag, den sie ausführlich in ihrem Tagebuch beschrieb:

18.10.1974

Heute ist endlich mein 21zister Geburtstag ich war schon sehr aufgeregt vorher. Ich war heute Nacht um 4:30 wach und konnte nicht mehr einschlafen so bleib ich also wach. Um 8:00 standen wir auf und ich besah mir meine tollen Geschenke die ich bekommen habe, um 8:20 bekam ich den ersten Anruf und so ging das weiter am laufendem Band. Dann zog ich mich an mein neues rosanes Kleid. Mama macht die Kuchen und das Mittagessen fertig. Endlich ist die Post gekommen. Dufte Annegret Scheider ist nach dem Mittagessen gekommen. Papa und Mama schlafen und ich ruhe mich auch aus. Nun kamen alle meine Gäste aus Schwerte und Lage-Wattenhausen. Der Nachmittag war Klasse auch mit vielen Geschenken. Tante Trude kam auch aber leider ohne Oma wie es ab gemacht war sie hat leider die Grippe ich bin sehr traurig darüber das sie nicht mit gekommen ist das werde ich ihr nicht vergessen. Wir haben alle toll gespielt mit einander wir haben uns auch Dias angesehen. Bis zum Schluß als alle gegangen sind. Morgen werde ich weiter berichten von Paps Geburtstag.

Am nächsten Tag folgt wie angekündigt die Beschreibung des Geburtstages ihres Vaters, der einen Tag nach ihrem, am 19. Oktober, gefeiert wurde. Die Aufzeichnungen von der Geburtstagsfeierei enden mit folgendem Satz:

Warum schreien mich die Erwachsenen nur immer an. Ich bin doch einundzwanzig und kann machen, was ich will.

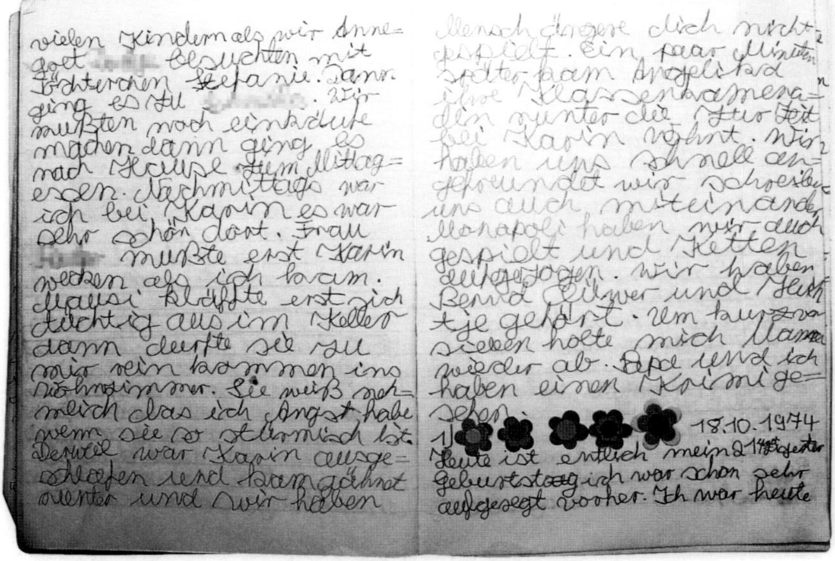

vielen Kindern als wir Anne= gret [redacted] besuchten mit Töchterchen Stefanie. Dann ging es zu [redacted]. Wir mußten noch einkäufe machen dann ging es nach Hause zum Mittag= essen. Nachmittags war ich bei Karin es war sehr schön dort. Frau [redacted] mußte erst Karin wecken als ich kam. Mausi kläffte erst sich tüchtig aus im Keller dann durfte sie zu mir rein kommen ins Wohnzimmer. Sie weiß nämlich das ich Angst habe wenn sie so stürmisch ist. Derweil war Karin ausge= schlafen und kam gähnt runter und wir haben

Mensch ärgere dich nicht gespielt. Ein paar Minuten später kam Angelika ihre Klassenkamera= din runter die zur Zeit bei Karin wohnt. Wir haben uns schnell an= gefreundet wir schreiben uns auch miteinander. Monopoli haben wir auch gespielt und Ketten aufgezogen. wir haben Bernd Clüver und Hein tje gehört. Um kurz vor sieben holte mich Mama wieder ab. Papa und ich haben einen Krimi ge= sehen.

1) 18.10.1974

Heute ist endlich mein 21 14ter Geburtstag ich war schon sehr aufgeregt vorher. Ich war heute

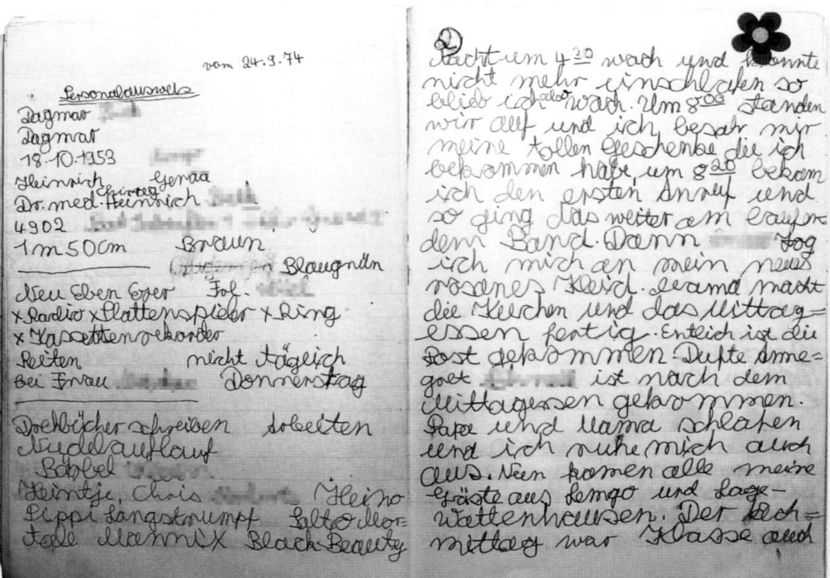

vom 24.9.74

Personalausweis

Dagmar [redacted]
Dagmar
18.10.1953 [redacted]
Heinrich Genau
Chirurg
Dr. med. Heinrich [redacted]
4902 [redacted]
1m 50cm Braun
[redacted] Blaugrün
Neu Eben Ezer Jol. [redacted]
x Radio x Plattenspieler x Ring
x Kassettenrekorder
Reiten nicht täglich
bei Frau [redacted] Donnerstag

Drehbücher schreiben Arbeiten
Nudelauflauf
Bärbel [redacted]
Heintje, Chris [redacted] Heino
Pippi Langstrumpf Salto Mor= tale Mannix Black Beauty

2) Nacht um 4³⁰ wach und konnte nicht mehr einschlafen so blieb ich also wach. Um 8⁰⁰ standen wir auf und ich besah mir meine tollen Geschenke die ich bekommen habe, um 8³⁰ bekam ich den ersten Anruf und so ging das weiter am laufen= dem Band. Dann [redacted] zog ich mich an mein neues rosanes Kleid. Mama macht die Kuchen und das Mittag= essen fertig. Endlich ist die Post gekommen. Dufte Anne= gret [redacted] ist nach dem Mittagessen gekommen. Papa und Mama schlafen und ich ruhe mich auch aus. Nun kamen alle meine Gäste aus Lemgo und Lage- Wattenhausen. Der Nach= mittag war Klasse auch

Dagmar war die Bedeutung der Volljährigkeit also durchaus bewusst.

Geburtstage zählten generell zu den besonderen Ereignissen in Dagmars Leben. Die Geschenke wurden ausführlich aufgezählt:

> *21. Geburtstag*
> *Geburtstagsgeschenke*
> *Zwei Puppenkoffer, Rex Gildo, Maggy Mae, Süßigkeiten, 2 Briefpapier, Filzstifte, Blumen, Stola, Dias, vier Bücher, Geld, Kette, Rucksack, Kassetten, Nachthemd (lang), Jacke, Spiel, Album, Serviettenring.*

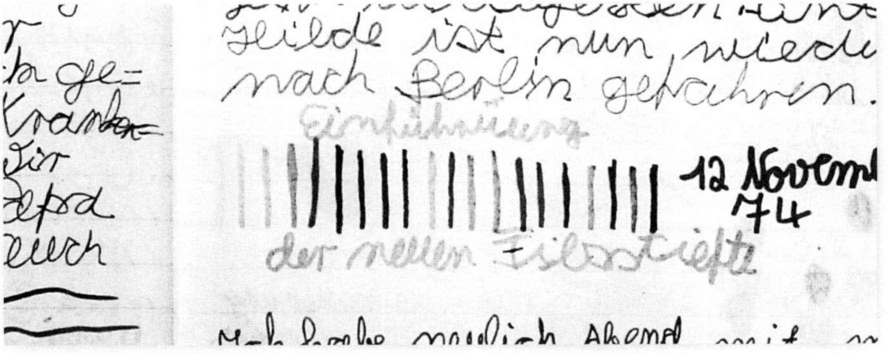

Aber es blieb nicht nur bei der Aufzählung ihrer Geschenke, Dagmar war auch sehr kreativ, was das Spielen mit ihren Geschenken anging.

> *20.10.1974*
> *1. Wandertag*
> *Weil ich einen Rucksack zu meinem Geburtstag bekommen habe, habe ich heute Nachmittag am späten abend eine Wanderung gemacht zum Schulzentrum bis zum Wildbach von der Bergstraße ab. Bei Dickmanns habe ich Halt gemacht und meinen Proviant rausgenommen und gegessen, dann bin ich weiter gewandert Richtung nach Hause.*

1974
DER ERSTE GROSSE SCHICKSALSSCHLAG

Dagmar führte ein unbeschwertes Leben, wie aus ihren Tagebuchaufzeichnungen hervorgeht. Umso schmerzlicher traf sie die Erkrankung ihres Vaters Ende 1974. Dagmar war mit ihrer Mutter in Berlin, um den Geburtstag der Großmutter vorzubereiten und zu feiern. Für Dagmar ein großes Ereignis, das sie kaum erwarten konnte. Doch dann kam die Schreckensnachricht:

> *29.11.1974*
> *In der Nacht ist was schreckliches passiert. Elmar hat uns angerufen das wir zurück kommen müssen. Papa liegt im Krankenhaus mit einem schwierigen Herzinfarkt. So kann ich vom Geburtstag nichts berichten. Papas Herzinfarkt werde ich nie in meinem Leben vergessen.*
> *Ende November*

Gerda B. machte sich noch in der Nacht mit ihrer Tochter auf die Heimreise, da der Zustand ihres Mannes sehr bedenklich schien. Dagmar gehörte in diesen schweren Stunden an ihre Seite. Der Schock saß tief. Dagmar schrieb lange Zeit kein Tagebuch. Erst im neuen Jahr setzte sie ihre Aufzeichnungen fort:

> *2. Januar 1975*
> *Endlich kann ich wieder mal in mein Tagebuch weiter schreiben. Von November. Wir fuhren am 14. Dezember zu Tante Trudes Geburtstag. Es war sehr schön dort. Inzwischen hatte auch Daniela Geburtstag am 11. Dezember. Da war ich auch noch zweimal.*
> *Papa geht es auch wieder etwas besser, liegt aber noch immer im Krankenhaus. Wie ist das möglich. Nun hat er Telefon am Bett. Hoffentlich wird es besser mit seiner Krankheit. Darüber würden wir uns alle sehr freuen. Weihnachten haben wir zu Hause ver-*

bracht mit Elmar und Elmars Freund Peter Wiesengrund der zu uns kam bevor die Bescherung los ging. Wir haben viele Geschenke bekommen. Dann sind wir zu Papa ins Krankenhaus gefahren. Am 2. Weihnachttag fuhr Elmar zurück nach Hannover. Silvester waren Mama und ich allein. Nachmittags ging ich zum Geburtstag von Frau Hauser. Vormittags waren Heinrichs bei uns die aus Bonn kamen wegen Papa. Nun ist wieder ein Jahr um. Gestern kam Elmar und fuhr heute wieder. Nun sitze ich hier zu Hause und träume von der nächsten Reise nach Berlin, die ich bald antreten werde noch im Januar. Hoffentlich kommt Papa gesund wieder nach Hause zurück und dann verreisen wir zusammen.

DAGMAR LÖSTE VIELE PROBLEME SELBSTSTÄNDIG

Dagmar schrieb über ihre Ängste und Sorgen. Dabei spielte die schwere Erkrankung ihres Vaters eine ganz übergeordnete Rolle, denn dabei empfand sie Machtlosigkeit. Kleinen Sorgen und Ängsten stellte sie sich durchaus tapfer und bewältigte sie mit ihren eigenen Methoden.

Angst vor dem Alleinsein

11. Februar 1975

Heute abend bin ich allein in der Wohnung. Mama ist nach Detmold gefahren mit Tante Christel zu einer Herzinfarktsitzung. Mir macht es Spass allein zu sein. Zuerst habe ich immer Angst gehabt, aber das vergeht immer wieder. Zur Zeit sehe ich Fotos und Fernsehen. Allein sein ist auch mal schön, Mama kommt ja bald wieder zurück. Früher bin ich nie allein geblieben. Da war ich immer wo anders. Nun verstehe ich auch Tante Eva, dass sie alleine bleibt, wenn Onkel Heinz weggeht.

Alpträume

11. April 1975

Träume können entsetzlich sein von Tieren, die beißen können oder mit einem kämpfen. Manchmal auch alte Mütterchen, die hexen können. Abenteuern im wilden Westen, Krieg. Es gibt auch schöne Träume, Angstträume und vieles anderes. Es gibt manche Menschen, die schreien, weinen, fluchen oder laut lachen in der Nacht. Wenn ich träume, da geht es auf abenteuerliche Reisen mit meinen Puppen z.B.

Flugangst

4. Juni 1976

Der Flugplatz

Als ich neulich nach Berlin flog. Brachte mich Mama in die Flughalle, mein Koffer war schon unterwegs ins Flugzeug gebracht worden. Eine Stewardess nahm mich mit. Man braucht keine Angst zu haben.

Im Flugzeug sitzt man im Stuhl festgeschnallt bis man in den Wolken ist. Mein erster Flug habe ich ein Malbuch, Buntstifte und einen Lutscher bekommen. Die Stewardess bietet den Leuten etwas an. Der Rückflug ist genau so abgelaufen.

Angst vor dem Zahnarzt

28. Juni 79

Heute vormittag saß ich wieder mal beim Zahnarzt. Vor sechs Tagen ist mir ein Stück vom Zahn abgebrochen. Den er mir schon zusammenflickte. Ich mußte vorher lange warten, weil er soviel zu tun hatte. Ich träumte von einer schönen Insel in einer Schärenwelt von der Insel Saltkrokan in der Nähe von Stockholm, wo ein Vater mit vier Kindern immer wieder Ferien macht. Es ist märchenhaft schön dort. So lenkte mich die Operation ab.

1978
FREUDE AM GEBURTSTAG

Grund zur Freude gab es wieder an ihrem Geburtstag.

20. Oktober 78
Achtung Alter Bach!
Hallo Dagmar
alles Gute
zu Deinem
25. Geburtstag
Diesen kleinen Abschnitt in der Lippischen Rundschau habe ich mir sehnlichst zu meinem 25. Geburtstag gewünscht. Und meine Eltern haben mich zur großen Freunde in die Zeitung gesetzt. Auch Mamas Schulfreundin gab sich so große Mühe und hat mir eine Hochzeits- oder besser gesagt eine Geburtstagszeitung für mich erarbeitet. Auch einen herzlichsten Dank an Frau Reiter und an Frau Veigel, die so nett waren und mir in der Kochgruppe eine Feier für mich veranstaltet haben. Nun zu meinem Geburtstag. Alle meine Wünsche sind in großer Anzahl erfüllt worden auch in Breckerfeld war ein Geburtstagstisch vorbereitet für mich. Noch einen Dank bei Familie Linden besonders dem lieben Friedrich, der für mich einen neuen Film spendierte. Tante Ute und Onkel Hermann schickten mir sogar ein Glückwunschtelegramm. Auch einen herzlichen Dank an meine Gäste, die gekommen waren zu meiner Geburtstagsfeier. Auch in Bexten wird was vorbereitet für das liebe Geburtstagskind.

28.10.78
Nachträglich zu meinem Geburtstag möchte ich mich auch bei der Gymnastikgruppe für das Ständchen bedanken, auch bei meinen Arbeitskollegen und auch bei Herrn Krämer, der mir einen großen Wunsch erfüllte und mit allem Reitzeug sich auf ein Pferd schwang und für mich zwei drei Runden ritt.

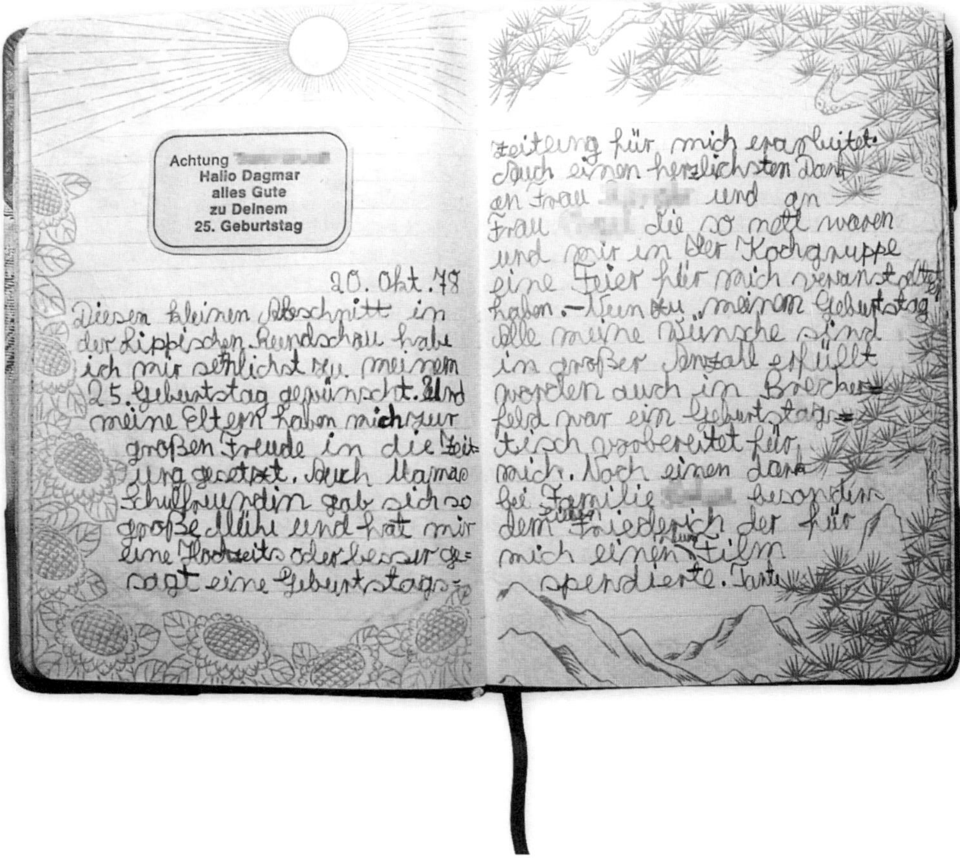

Dagmar bemühte sich stets, alle ihre Geschenke aufzuzählen und keinen Geburtstagsgast zu vergessen. Jeder Anruf am Geburtstag wurde schriftlich festgehalten. Auch an den Geburtstagen der Eltern oder des Bruders wurde von ihr über die telefonischen Glückwünsche Buch geführt.

1980
DAGMARS VATER BLIEB SEHR KRANK

Dagmar verfolgte den Gesundheitszustand ihres Vaters und berichtete in ihrem Tagebuch von guten und schlechten Tagen.

> *14. August 80*
> *Abends hab ich noch mit Papa bei Schreibers noch gesessen so einen lustigen Abend mit viel lachen, den werde ich nicht vergessen, und grillen. So habe ich Papa lange nicht gesehen. Das mußte mal gesagt werden.*

> *16. Jan. 1981*
> *Seit der kommenden Woche geht es unserem Papa wieder einmal nicht so gut, auch unserer Oma nicht, aber das ist ihr Alter. Bei unserem Papa ist das nicht der Fall.*

Der Vergleich des Gesundheitszustandes ihrer Oma mit dem ihres Vaters zeigt, dass sie Situationen nicht nur beschreiben konnte, sondern durchaus in der Lage war, sie zu bewerten.

DAGMAR HATTE VIELE HOBBYS

Trotz aller Sorgen war Dagmar offen für die Freuden, die sich ihr in dieser schweren Zeit boten. Ihre Interessen waren sehr vielseitig.

> Fernsehen
> *18. Sept. 81*
> *Nochmal zu den Sommerferien mit dem Ferienprogramm für Kinder. Mit Enid Belyton's Fünf Freunde, die Serien Steifer Hut und Knollennase und die Molly-Wopoy-Bande, Sieben kleine Australier und Spuk im Haus, Spielfilme und Zeichentrick und Sportsendungen, Ferienkalender. Der Hauptknüller des Ferienprogramms*

waren die Astrid Lindgren Filme.
Gestern war ich noch im Konzert in Bielefeld.

Die Mutter berichtet, dass Dagmar selbstständig die Programmzeitschriften durchstöberte und sich die Sendungen heraussuchte, die sie interessierten.
Zu den ganz großen Ereignissen zählten auch Theateraufführungen, die Dagmar zusammen mit ihrer Mutter besuchen durfte.

Theateraufführungen
30. und 31. Jan. 81
Ist auch mein Weihnachtwunsch in Erfüllung gegangen von Elmar. Zur Macbeth Premiere nach Bonn wo Dana eine von den drei Hexen mit spielt. Mama und ich sind mit den Stolzenfels nach Bonn gefahren. Und im Hotel Mondial abgestiegen erst mal kurz allein. Dann hat uns Herr Heinrichs wieder mal abgeholt nach Forsbach raus wie im letzten Jahr mit Kaffee trinken.
Macbeth: Szene der Hexen, Macbeth und Banquo, im Schloß mit Lady Macbeth und Duncan, Banquos Geist, Hexenszene wieder, die Ermordung der Lady Macduff, und Krieger, in Duncan im Schloß einer Wahninnigen und der Tot, die Schlacht mit Macbeth und wieder der Anfang. Zum Schluß war ich mit Elmar noch bei Dana. Und den Intendanten hab ich noch kennen gelernt.

Gerda B. erinnert sich noch sehr deutlich an diese Theateraufführung, bei der Dagmar neben ihr saß. Tage vorher hatte sie ihr das Theaterstück vorgelesen und erklärt. Allerdings blieb sie skeptisch, ob Dagmar der Handlung tatsächlich würde folgen können. Während der Aufführung war Dagmar sehr gebannt von dem Geschehen auf der Bühne. Als Banquos nach seinem Tod als Geist auftauchte, reagierte sie jedoch verwirrt. „Banquo ist doch gestorben", flüsterte sie ihrer Mutter zu. Es war ihr unverständlich, wie er nun leibhaftig wieder auf der Bühne erscheinen konnte. Doch auch dies konnte Gerda B. ihr nach der Aufführung erklären. Dagmars Frage bestätigte ihrer Mutter, dass sie durchaus der Handlung dieser Theaterauf-

führung hatte folgen können.
Dagmar ging sehr gerne mit ihrer Mutter ins Theater. Einmal lachte und applaudierte sie als Einzige im Saal an einer Stelle, die sie besonders lustig fand. Das übrige Publikum ließ sich von Dagmars Freude anstecken und stimmte in ihren Beifall ein.

Ferienzeit
In den Ferien hatte Dagmar immer ein volles Programm, das sie in ihrem Tagebuch am Ende der Ferienzeit noch einmal Revue passieren ließ:

> *13. September 1982*
> *Heute ist auch für mich der letzte Ferientag, einige schöne Tage waren auch darunter. Einmal das Steinhuder Meer, die drei Tage mit Tante Sigrid, dann ein toller Brief aus Bad Teinach und das Frau Reiter einen Abend auch hier war. Die schöne Harzfahrt zu Hannelore. Der größte Ferienerfolg war die Silberhochzeit von Tante Christel und Onkel Fritz, sowie Elmars Segeln auf der Ostsee. Auch der Liederabend mit Heino, und auch bei Cynthia in Marburg, auch die Nachmittagsfahrt mit Tante Christel und Frau Meiser und das Frau von Ulma auch hier war auch wieder ein großer Ferienerfolg. Den 50.ten Geburtstag von Frau Lindener, und die tolle Wochenendfreizeit in Vlotho mit und ohne Frau Klenner.*
> *Und noch einmal einen großen Tusch auf unseren Schwerteer Schützenkönig. Und die tollen vier Tage mit Tante Grit.*
> *Nun zu dem Ferienprogramm für Kinder einmal ein spannendes Abenteuer mit Orzonwei – Weißer Sohn des kleinen Königs eine Abenteuer Serie, Ferienkalender wieder Lassies Abenteuer, Zeichentrickfilme am Maß von Sindbad, Don Quixote das allerneuste Der Wunschfilm. Die Biene Maja g.v. Karel Gott, Der rosarote Panther, Pinochhio, Captain Future, Heidi, Wickie. Die besten Wunschfilme waren aus den Serien; Die Bären sind los, Boomer der Streuner,…*

Fliegen

Dagmar war an vielen Dingen interessiert und kannte kaum Angst. Sie ritt sehr gerne, fuhr Fahrrad und zögerte auch nicht, mit einem Bekannten im Sportflugzeug mitzufliegen. Aus dem Flugzeug heraus wollte sie sich einmal das Haus, in dem sie wohnte, von oben anschauen. Damit sie das Gebäude auch gut erkennen konnte, wurden alle Nachbarn in ihrer Straße dazu aufgerufen, Bettlaken zu schwenken. Kein Nachbar ließ sich diesen Spaß für Dagmar entgehen. Hier zeigt sich wieder einmal, wie beliebt Dagmar war. In ihrer Tagebucheintragung über diesen Flug stellt sich jedoch heraus, dass sie von etwas anderem viel mehr beeindruckt war:

> *27. und 28. Sept. 82*
> *Mein dritter Flug heute mit einer anderen Maschine. Diesmal war auch ganz große Klasse wieder.*
> *Papa ist heute auch das erste mal geflogen mit Jürgen sein größtes Erlebnis nach Jahren wieder so habe ich ihn noch nie gesehen wie Leute über Bad Pyrmont und Schwerte.*

1983
DAGMARS VATER LAG IM STERBEN

Im Frühjahr 1983 folgen nur noch schlechte Nachrichten über den Gesundheitszustand ihres geliebten Vaters:

> *3. April und 4. April 83*
> *Heute war der Ostermontag ganz traurig für uns. Unserem Papa geht es so sehr schlecht. Er liegt den ganzen Tag schon sehr fest im Bett und kann nicht einmal alleine aufstehen nur mit Mamas Hilfe. Wir sind alle sehr untröstlich darüber. Das Fernsehen brachte auch wieder etwas „Der einsame Puma“ und „Die zweite Frau“ ein Marlitt Roman wieder, damit enden wir wieder ein Osterfest.*

9. April 83

Letzter Osterferientag, hier bei uns immer noch sehr traurig um unseren sehr kranken Papa und seinen Gleichgewichts Störungen, die ihn krank gemacht haben. Morgen komm nun unser Bengel Elmar zwischen zwei Zügen nach hier, um seinen kranken Papa zu besuchen. Onkel Fritz kommt nun jeden Tag, um seinen Patienten zu versorgen zu uns. Frau Schreibers steht nun auch jeden Tag hier. Wenn das hier noch so weiter geht bekommen Mama und ich noch einen Nervenzusammenbruch. Ich helfe auch sehr fleißig so gut ich kann. Ich war auch noch kurz bei Radlers. Sie sind auch wieder zurück von ihrem Familien Trip, von Osterdienstag.

10. April 83

Aus meinem innigsten Herzen einmal losgelassen.

Bevor morgen wieder alles beginnt, die Schule und die Kurse will ich noch einmal meinen herzlosen Tiefpunkt los werden. Der sich bei mir im Moment seit Ostermontag immer löst. Ich könnte dauernt laut losheulen, oder weinen, wenn ich an meinen sehr kranken Papa denke, den ich sehr, sehr lieb habe. Auch an meine liebe Mama, die habe ich genauso sehr gerne und lieb. Ich möchte auch sehr gerne an etwas schönes und lustiges denken, was ich leider im Moment nicht kann und es tut mir auch so sehr weh. Und es fällt mir auch sehr schwer auch des Nachts, morgens weiß ich nie wie ich wach werden soll, das ist mein größtes Problem.

Und ich habe noch einige Probleme auf dem Herzen. Tante Hilde z.B. die ist nicht nur Grippe krank, auch psychisch belastet, hier uns alle hier. Besonders für meine Mama, wie mich und … Für andere ist es besonders lächerlich zumute, die so was nur hören. Und die Person nicht kennen, oder sehen. Wie man mich kennt, versteht man mich zu lieben auch auf meinen Tagebuchblättern. Elmar darf man ganz dabei vergessen. Er hat nur Flausen im Kopf und vielerlei Freunde über all und nirgends auf der Welt. Besonders auch sehr viele unbekannte Freunde, die er hier doch einmal vorstellen könnte. Barbara z.B. auch Monika und Sabine.

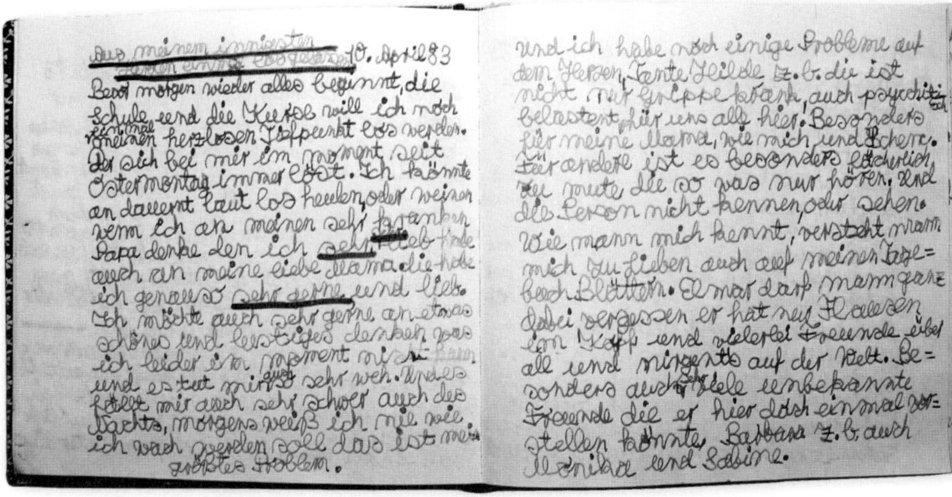
Aus meinem innersten … 10. April 83
Bevor morgen wieder alles beginnt, die Schule und die Kursus will ich noch einmal meinen herzlosen Tiefpunkt los werden. Der sich bei mir im moment seit Ostermontag immer löst. Ich könnte andauernt laut los heulen, oder weinen wenn ich an meinen sehr kranken Papa denke den ich sehr lieb habe auch an meine liebe Mama die habe ich genauso sehr gerne und lieb. Ich möchte auch sehr gerne an etwas schönes und lustiges denken was ich leider im moment nicht kann und es tut mir auch sehr weh. Und es fällt mir auch sehr schwer auch des Nachts, morgens weiß ich nie wie ich wach werden soll das ist mein größtes Problem.

und ich habe noch einige Probleme auf dem Herzen, Tante Hilde z.b. die ist nicht nur Grippe krank, auch psychisch belastet für uns alle hier! Besonders für meine Mama, wie mich und Schorse. Für andere ist es besonders lächerlich zu mute die so was nur hören und die Person nicht kennen, oder sehen. Wie mann mich kennt, versteht mann mich zu lieben auch auf meinen Tagebuch Blättern. Elmar darf mann ganz dabei vergessen er hat nur Flausen im Kopf und vielerlei Freunde über all und nirgents auf der Welt. Besonders auch viele unbekannte Freunde die er hier doch einmal vorstellen könnte, Barbara z.b. auch Monika und Sabine.

21. April 83

Manchmal etwas besser oder es verschlechtert sich Tag aus, Tag ein bei meinem Papa. Ich weiß nicht so recht, ob ich lachen oder weinen soll. Im Moment bei Mama ist es auch so das selbe, wie bei mir. Elmar kommt morgen auch schon das zweite mal zu uns, um seinen sehr kranken Papa zu besuchen. Onkel Fritz kommt immer noch täglich zu uns mit harten Medikamenten und Spritzen, um unseren Papa wieder aufzumöbeln. Tante Christel war auch einmal allein hier um unseren Papa zu versorgen, statt Onkel Fritz. Aus unserem Bengel ist nun ein lieber Junge geworden. Wer weiß wie lange das noch anhält bei ihm. Im Moment sehe ich kaum noch Fernsehen und höre kaum noch Musik und das will was heißen bei mir. Ich träume so vor mich hin im Moment. Auch zu etwas Lust habe ich im Moment nicht sehr viel. Dallas läuft auch vorläufig nicht mehr, ab September erst wieder An Miss Ellie, Barbara Bel Geddes muß ich auch sehr viel denken, die zur Zeit im Krankenhaus liegt.
Mit meinen Gedanken bin ich bei vielen Freunden und Freundinnen von mir und auch sehr viel auf Reisen, die ich machen könnte. Elmar kann das alles das ist auch sein Beruf.

Pfingst Montag, den 23. Mai 83
Fast jeden zweiten Tag besuchen wir unseren sehr kranken Papa in Osnabrück. Unser Papa liegt in einem Doppelzimmer. Mit einem älteren Herrn zusammen, der wahrscheinlich katholisch ist und auch sehr geistlich ist. Er ist sehr, sehr nett zu unserem Papa.

DER TOD DES VATERS

Am 12. Juli 1983 verstarb unser sehr sehr lieber Papa um 18:30 im städt. Krankenhaus in Osnabrück. Wir sind alle sehr, sehr traurig um unseren lieben Papa, der von uns nun auch Abschied genommen hat. Alles hat nun seine Zeit, die wir mit unserem lieben Papa verbracht haben und das nach 15 Jahren, die wir hier nun wohnen.
Am 15. Juli war die Beerdigung von unserem Papa mit sehr vielen Blumen, Kränzen und Gestecken. Mit fünf früheren Kollegen, Großvati Köster und dessen Frau aus Schwerte, auch Tante Christa und Frau Lindener gehörten noch dazu. Hier gehörten auch dazu Dr. Winterstein, Frau Dr. Kruse, Herr Dr. Berd, Schw. Frieda, Hermann Kühn und Bärbel Meier, Schw. Gundula, Schw. Margarete, Schw. Irmgard, Schw. Hannelore und Schw. Gerti. Schw. Ursula und Schw. Magdalena und Grete Wilmer. Und auch Frau Bonner. Seine allerbesten Freunde, die er nun in letzter Zeit waren Rudi Rudi Heinrichs, Tante Christa und Onkel Amor.
Im Haus Hamburg haben wir eine Kaffeetafel bestellt, die sehr groß war. Und auch Tante Trude habe ich noch zwei Jahren nun auch wieder einmal gesehen. Freunde aus Hannover und Bonn kamen auch hier angereist. Auch aus Schwerte, Fallingböstel und Remscheid. 13. Juli und 17. Juli zum Schwimmen.

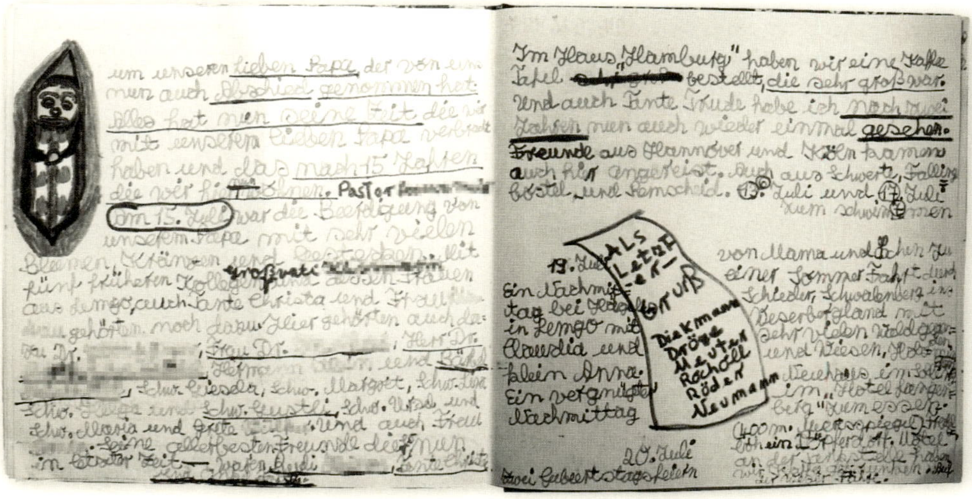

27. Juli 1983
Die sehr traurige Einäscherung von unserem sehr lieben Papa, das kurze Gebet in der Kapelle. Und am Grab haben wir unser Vater unser mit Pastor Lehrmann, Herr Köster, Tante Trude, Elmar, Mama und ich gesprochen. Das sehr große weinen bekam ich hinterher bei dem Ausspruch Asche zu Asche, Staub zu Staub. Feierlich wurde es erst abends zu dem großen Lachsessen mit Pastor Lehrmann und seiner Frau bei uns ein sehr schöner Sommerabend und im Kerzenschein auch.

Diese Aufzeichnungen geben die Gedanken und Gefühle einer dreißigjährigen Frau mit Down-Syndrom wieder, die ihren geliebten Vater verloren hat. Die Trauer, die hier zum Ausdruck kommt, zeigt die Gefühlswelt, in der Dagmar lebte. Unvorstellbar scheint in diesem Zusammenhang, dass lange Zeit das Bedürfnis geistig Behinderter nach Trauer ignoriert wurde. Heute weiß man, dass Kinder mit Down-Syndrom bereits mit zehn bis zwölf Jahren die Bedeutung des Todes verstehen. Dagmar trauerte zeitlebens um ihren Vater.

Es sind nur sehr wenige schriftliche Zeugnisse von Menschen mit Down-Syndrom bekannt, in denen sie ihre Trauer ausdrücken. Der bereits eingangs erwähnte Nigel Hunt geht in seinem Buch nur sehr kurz auf den Tod seiner Mutter ein. Sie starb, während er sein Buch schrieb. Natürlich lässt sich die Trauer eines Menschen nicht nach der Anzahl der Zeilen, die er seinen Gefühlen widmet, beurteilen. Aber Nigel Hunts Beschreibung ist doch sehr sachlich: Seine Mutter hatte für ihn einfach aufgehört zu atmen, und er blieb davon überzeugt, dass sie weiterhin um ihn war. Seinem Vater gegenüber behauptete er, dass er seine Mutter nach dem Tod mehrmals gesehen habe. Für Nigel Hunt lebte sie weiter.

EIN NEUER LEBENSABSCHNITT BEGANN

Für Dagmar begann nach dem Tod ihres Vaters ein neues Leben. Sie selbst schrieb dies in ihr Tagebuch:

> *Ein sehr neues Leben für*
> *meine Mama und für mich*
> *17. und 18. Sept. 1983*

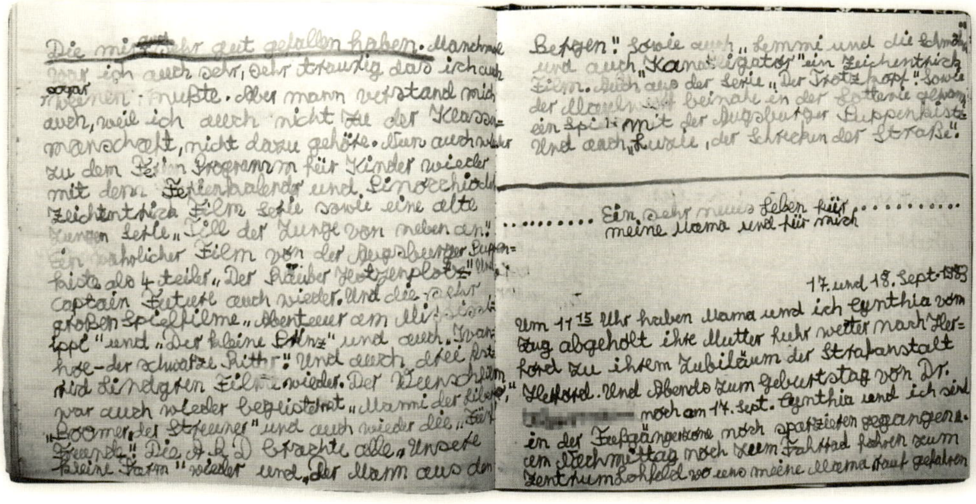
Ein sehr neues Leben für meine Mama und für mich

17. und 18. Sept. 1983

Dagmar versuchte ihr Leben neu zu ordnen und wieder Freude zu empfinden.

> *1. Okt. 1983*
> *Mama hat mich wieder zu Tante Else und Onkel Amor gebracht. Mittags sind wir nach Öschelbrom zum Roland gefahren, wo es sehr, sehr schön ist über Bad Herrnalp. Die große Begrüßung von Roland, Brigitte, Orson und klein Elliot und von oben von der Höh. Hopplas IA, IA und Pluto. In diesen Tagen war ich wieder einmal sehr, sehr glücklich. Was ich schon so lange nicht mehr war.*

Über ihren dreißigsten Geburtstag berichtete sie Tage später in ihrem Tagebuch.

23. Oktober 83
Wieder ein sehr neues Leben, im 30. Lebensjahr, den ich in den letzten Tagen verbracht habe. Am 18. Oktober, morgens die ersten Gäste. 3 Geiger, die mir was vorgeigten. Vor Freude liefen mir die Tränen im Arm meiner Mama. Kurz vor 7:30 kam schon das erste Telegramm aus München zu mir. Die Geiger Freunde hat mir Elmar bestellt, was wir vorher nicht wußten auch Mama nicht. Und auch klein Eveline, ein Käthe Kruse Baby überraschte mich noch. Alle meine zahlreichen Freundinnen, die ganzen Lemgoer, von unserem Arbeitskreis von sämtlichen Kursen, die Leiterinnen (außer von zwei Kursen) waren erschienen. Und noch einige andere und die Nachbarschaft. Und sogar auch Tante Trude und das nach vier Jahren wieder einmal, was mich sehr, sehr glücklich gemacht hat (und das wollte auch einer verhindern, der uns auch von Tante Trude trennen wollte). Nachmittags war auch noch Jubel, Trubel, Heiterkeit hier auch aus Neu Eben Exer und Detmold kamen auch angereist. Aber ging es auch noch lustig zu mit meinem Freund Sigi und einem Gitarrenchor. Der Chor bildete sich durch Frau Schramm und ihrem Freund Sigi, Frau Trescher und Tochter Anke. Die den Geburtstagsabende beendeten.
Ich habe auch wieder einen ganz tollen Geburtstagstisch wieder mit vielen sehr schönen Geschenken. Und auch meinen geliebten Texas Hut, den ich mir gewünscht habe.

Dagmar dachte auch in diesen Tagen an ihren Vater, der leider nicht mehr mit ihr feiern konnte.

Eine Geburtstagsfeier noch in Bonn bei meinem Bruder Elmar auch mit Tante Trude und Mama zusammen nur unserer lieber Papa fehlte uns sehr bei meiner Geburtstagsfeier bei Elmar. Den Abschluß von dem schönen Herbstabend klang bei Pfaffenbergs aus.

Tante Trude werde ich erst im nächsten Jahr 1984 wieder sehen vor her nicht mehr.

Auch die nachträgliche Geburtstagsfeier beim Kochkurs wurde von Dagmar im Tagebuch erwähnt:

1. Nov. 1983
Am 26. Okt. ging bei uns alles durcheinander. Morgens war ich noch beim Zahnarzt, wo ich eine Spritze haben mußte. Ich saß dort allein. Bei uns waren die Maler. Wir haben unter das Wohnzimmer, als Gästezimmer renovieren lassen. Ich kam mit meiner Spritzenbacke wieder, die ich hier zu Hause ausschlafen wollte, was ich leider nicht konnte. Metallbauer schweißten hier unsere Gitter ein, auch mit einer Migräne, Decken und Kissen zog zu Radlers rüber, um endlich meine Spritze auszuschlafen.
Nach meiner Erholung war ich noch zum Kochkurs, wo wir noch einmal meinen Geburtstag nachgefeiert haben. Mit einem großen Ständchen die Frau Dregger leitete für mich. Mit einem Geschenkchen vom Kochkurs. Ich bekam noch ein Kränzchen in rot um den Hals. Mit einem großen Essen und Ansprachen von Harald und Brigitte auch für mich. Die beste Ansprache war von Brigitte Kranzler für mich, die mir am besten sehr gut gefallen hat. Und zwei Lieder gesungen von Brigitte und Susanne Frings als Überraschung für mich. Mit einem Spiel „Was macht derjenige in dieser Ecke" und für jeden Gummibärchen endete wieder unser Kochkurs.

IM KREISE DER BEHINDERTEN

Einen wichtigen Part spielte in Dagmars Leben der Behindertenkreis, dessen Gründung sie 1978 in ihrem Tagebuch beschrieb:

26. Nov. 1978
Arbeitskreishilfe für Behinderte

Damals in Gelsenkirchen lebte ein Mädchen Anneliese Heugel jetzige Reiter mit ihrem Vater zusammen, der dort eine Drogerie hatte. Mit ihrem Mann hatten sie ein Praxis im Ruhrbiet. Dort kamen auch ihre Töchter zur Welt und auch ein Sohn, der behindert ist. Seit einiger Zeit wohnt sie hier in Bad Pyrmont. Früher war eine Gruppe in Herne. Frau Reiter führte sie an. Das Gleiche ist nun seit 1975 auch hier. Wir fingen klein an, mit einem bunten Spiel-Sing-Bastel Nachmittag, den sie veranstaltete, der mir in schönster Erinnerung bleibt. Die erste Weihnachtsfeier wurde 1975 gemacht. Von der Volkshochschule wurden Kurse mit uns eingerichtet: Schwimmen, Handarbeiten, Kochen, Töpfern und Reiten. Auch ein Ferienaufenthalt ins Lage Hörste war schön. Mit unserer Vorsitzenden Anneliese Reiter haben wir sehr nette Kollegin, die mit uns die Kurse zusammen machen. Auch ein liebes Mädchen, die uns unsere Rundschreiben schreibt. Sie ist im Alter von 38 Jahren. Wieder ein Ferienaufenthalt im Schwarzwald. Nun haben wir ein Mädchen in unserer Gruppe, das seit Kurzem bei uns ist. Es ist eine frühere Schulfreundin von mir aus Neu Elben-Ezer. Ein neuer Kurs für unsere Gruppe ist Krankengymnastik, die uns viel Spass macht.
Dies ist ein Bericht von einer 25 jährigen, die seit drei Jahren auch dabei ist.

An der jährlich stattfindenden Weihnachtsfeier im Behindertenkreis nahm Dagmar immer mit Begeisterung teil und berichtete darüber anschließend in ihrem Tagebuch. So auch 1983:

Am 3. Dezember 1983
war unsere Weihnachtsfeier wieder mit einer völlig anderen Besetzung. Frau Münch und Frau Borkowski veranstalteten diesmal die diesjährige Weihnachtsfeier, die diesmal für uns Behinderte gemacht wurde. Frau Reiter tat mir sehr, sehr leid bei der ganzen Weihnachtsfeier. So eine sehr schlechte Weihnachtsfeier hatten wir noch nie wie in diesem Jahr 1983. Frau Reiter ist wegen ihres sehr, sehr kranken Vaters in diesem Jahr beurlaubt. Ohne Programmge-

staltung was Herr Münch ansagte begann unsere Weihnachtsfeier. Die Musikgruppe, der Musikschule trat des öfteren mit Weihnachtsliedern auf, ein Schattenspiel mit den Wohnheimern wurde aufgeführt unter der Leitung von Conny Schumann, ein Dreiakter der Sonderschule führte drei kleine Theaterstücke vor, Mathies spielte für uns Klavier auch Veronika, Brigitte die Schwester spielte für uns Akkordeon der geliebten Weihnachtlieder, die sie nur konnte. Die beiden Zwillingsschwestern und Udo spielten auch was unbekanntes, auch für uns. Ein Sternensinger, der den unbekannten Text zu lernen hatte, konnte ihn fast auswendig mit zwei weiteren Sternsingern aus dem Wohnheim unsere neuen Brigitte Brommer und Marianne Schnitter. Frau Albertus und Frau Pflegner verteilten die kleinen Überraschungen als Abschluß. Alles verlief sich im Sande. Auch bei dem Verkauf unserer Weihnachtskarten.

In Dagmars Beschreibung der Weihnachtsfeier wird deutlich, wie wichtig für sie eine verlässliche Organisation war. Sie versuchte in allen Bereichen ihr Leben zu ordnen.

DAS ERSTE WEIHNACHTSFEST OHNE IHREN VATER

Wie immer wieder aus den Aufzeichnungen hervorgeht, spielten Feier- und Festtage in Dagmars Leben eine große Rolle. 1983 musste sie Weihnachten zum ersten Mal ohne ihren Vater verbringen.

Weihnachten 1983
Alle Jahre wieder oder Morgen Kinder wird's was geben.
Heiligabend waren Mama und ich noch in der Stadt und sind noch spazieren gegangen und haben auch sehr viele Bekannte noch getroffen. Bei Markt und Straßen steh'n verlassen still erleuchtet jedes Haus, singend geh ich durch die Gassen, alles sieht so festlich aus. Mama und ich waren auch noch am Grab von unserem sehr lieben Papa. Bis auf sehr viele Tränen sind wir nach Hause gefahren.

Nach unserem sehr festlichen Mittagsmahl bescherten wir Hausers, Radlers und Frau Meurer noch.

Es ist beeindruckend, wie sie die festlichen Verse einfließen ließ und auch die Trauer über den Tod ihres Vaters zum Ausdruck brachte.

1. Weihnachtstag, 25. Dezember
sind Mama und ich nach Bonn zu Elmar gefahren mit Auto. Wieder eine tolle Bescherung für mich. Wir haben ein tolles Mittagsmenü bekommen: Eine Terrine Perlhuhn mit Morcheln und gedünsteten Weintrauben als Vorspeise, als Hauptspeise Filet in Blätterteig und als Nachtisch eine warme Birnentorte. Mama und ich haben noch „Neues von der Katze mit Hut gesehen". Mit Elmar haben wir unter seinem großen Weihnachbaum gesessen, der hell erleuchtet war auch mit seinen Katzen (die ihm nicht gehören). Auch mit einem Weihnachtsgedicht und Weihnachtslieder, die Mama und ich gesungen haben. Elmar hat leider nicht mitgesungen. Das finden wir gar nicht sehr schön, nur weil es Elmar zu albern findet. Mama und ich sind auch bald wieder heimwärts gefahren durch eine Unter Wasser Fahrt. Abends haben Mama und ich noch die Drombuschs gesehen.

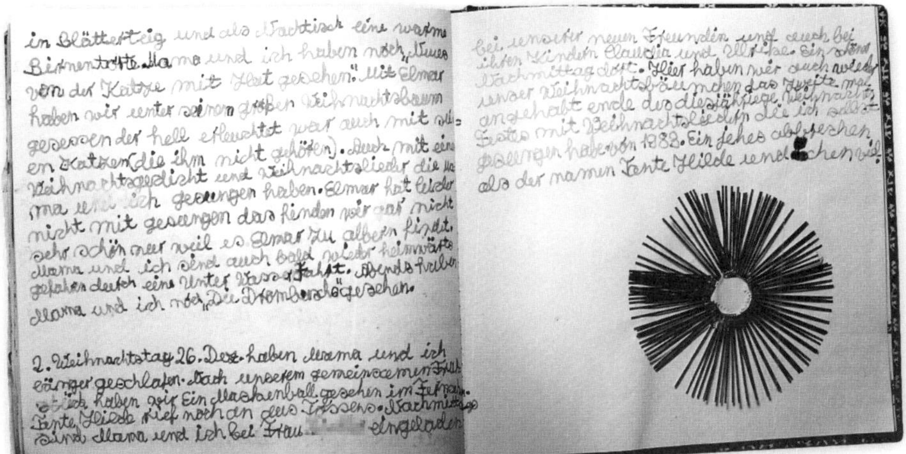

Der Silvestertag wurde von Dagmar mit einem Gefühl erlebt, von dem das zurückliegende Jahr geprägt war:

Silvester 1983
31. Dezember waren Mama und ich vormittags wieder in der Stadt eine kleine Traurigkeit in mir, wieso, das weiß ich nicht, das kann ich auch nicht so genau sagen. Vom Tratsch im Treppenhaus bis hin zu Peter und Sigrid und zu Katja.

1984

Dafür begann das neue Jahr mit einem Ereignis, von dem Dagmar überschwänglich in ihrem Tagebuch berichtete:

10. Januar 1984
Wieder eine sehr große Weihnachtsüberraschung für mich. Von meinem geliebten Bruder Elmar. Ich bin zum 75. Geburtstag von dem Schauspieler Willy Millowitsch zu seinem Geburtstag eingeladen worden zu seinem neuen Theaterstück „Das Glücksmädel". So ein Glücksmädel bin ich auch, die zum 8. Januar bei einem sehr großen Schauspieler eingeladen worden ist. Ich möchte doch so sehr gerne einmal wissen, ob mich Willy Millowitsch selbst mich eingeladen hat. Frau Lehmann hat mich in der zweiten Pause mit in das Büro genommen, wo das Geburtstagskind auch war. Frau Lehmann hat mit meinem Fotoapparat zwei sehr schöne Fotos von dem sehr lieben Glücksjungen und von und mit mir gemacht.

Bei aller Freude über die Einladung kamen Dagmar doch leise Zweifel, ob der berühmte Schauspieler sie wirklich persönlich eingeladen hatte oder ob sie diese Einladung nur ihrem Bruder zu verdanken hatte.

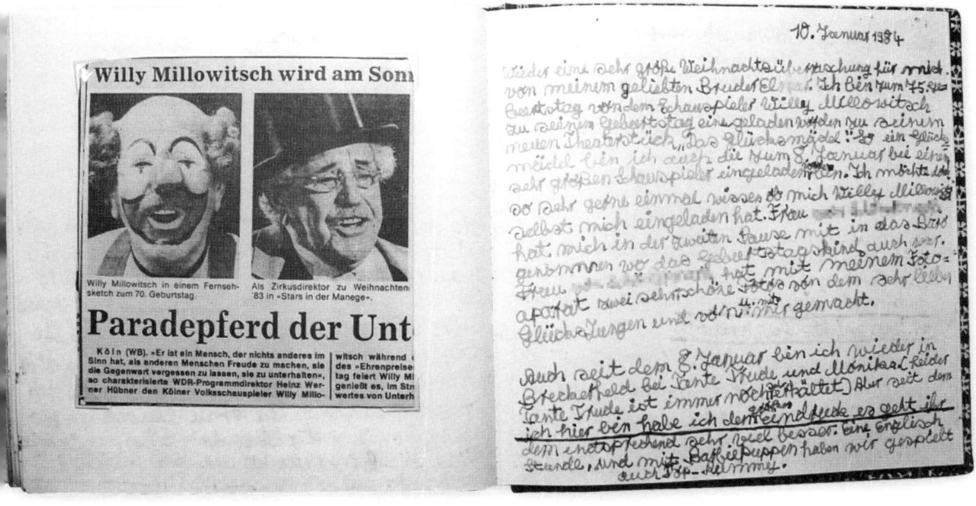

DAGMAR LITT UNTER STREITIGKEITEN

Dagmar war sehr dankbar und konnte ihrer Freude immer Ausdruck verleihen. Umso empfindlicher reagierte sie, wenn man ihr ein Leid zufügte.

> *Mittwoch am 18. Juli (1984) bin ich so sehr gekränkt worden, dass ich das nicht mehr vergessen kann. Von einer bösartigen im Moment. Ich möchte so gerne einmal wissen, was ich ihr getan haben soll, dass sie mich so sehr kränkt. Ich habe ihr noch nie in meinem ganzen Leben was getan. Die ist ja noch schlimmer als Susanne Kamm zu mir….*
> *Die Tröstung dafür war ein kleines Päckchen aus Braunau von Ingrid. Und der Nachmittag bei Tante Christel und Onkel Fritz.*

Auch Streitereien innerhalb der Familie belasteten Dagmar sehr und wurden im Tagebuch niedergeschrieben.

10. Januar 84
Nachmittags ist auch Stephanie noch hier hergekommen, um mich einmal wieder zu sehen und das nach fünf Jahren. Tante Trude hat mit Stephanies Eltern genauso einen sehr großen Streit (wie mit uns, bis 12. Juli 83). Und das um nichts besonderem. Fast der gleiche Familienkrieg wie z.B. in Dallas und im Denver Clan. Fast wie der gleiche Quatsch nur wir bekriegen uns nicht. Seitdem die dritte Generation Eike S. nicht mehr bei uns spukt. Wir haben auch noch Dias von Breckerfeld gesehen.

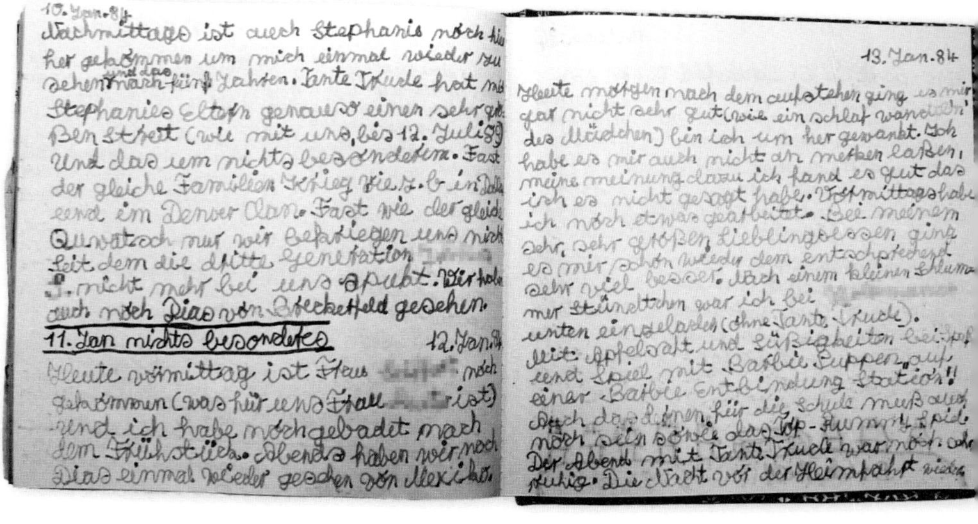

Dagmars Vergleich mit den Serien im Fernsehen war klug gewählt. Die Person, die sie hier nur noch als Eike S. bezeichnete, hatte ihr Familienglück in der Vergangenheit sehr getrübt. Obwohl Gerda B. ihrer Tochter eine möglichst heile Welt bieten wollte, bekam Dagmar doch viele Dinge mit. Gerda B. erinnert sich, dass sie sich oft mit Elmar beim gemeinsamen Essen über etwas unterhielt, von dem Dagmar nichts wissen sollte. Darum wurden die Sätze nicht ganz ausgesprochen. Dagmar hörte jedoch ganz aufmerksam zu und vollendete vergnügt die abgebrochenen Sätze, natürlich genau mit dem Inhalt, der ihretwegen nicht ausgesprochen werden sollte. Manches schrieb Dagmar aber auch nur in ihr Tagebuch. Oft ganz verschlüsselt, manchmal aber auch sehr deutlich. So wie hier, als ihre Tante an einer bedeutenden Familienfeier nicht teilnehmen wollte:

12. März 84
Das sind meine Worte
Liebe Tante Trude, du und Elmar und ich sind die einzigen Verwandten von Tante Elses Seite. Ich würde es mir noch einmal richtig überlegen um Tante Else die große Freude zu machen. Tante Else ist sehr, sehr traurig darüber. Schade, dass du nicht kommen willst. Ich bin auch sehr traurig darüber.

Dagmar zeigte immer wieder, wie genau sie die Menschen beobachtete, ohne dass diese etwas davon ahnten:

29. August 1984
Stadtbummel wieder, später danach noch zum Friedhof zu Papas Grab. So fröhlich oder zufrieden habe ich Tante Else noch nie in meinem ganzen Leben gesehen wie vor Papas Grab. Und das als einzige Cousine von meinem Papa, die Vorstellung schon allein macht mich sehr, sehr traurig.

WIE GING DAGMAR MIT IHRER BEHINDERUNG UM?

Dagmar wusste, dass sie behindert war. Worin diese Behinderung genau bestand, konnte sie jedoch nach Ansicht ihrer Mutter nicht erfassen.
Auch heute noch denken viele Eltern so. Sie berichten, dass ihre Kinder sich nicht behindert fühlen und sogar erschrocken auf andere Menschen mit Down-Syndrom reagieren. Manche Kinder wollen ihre Behinderung nicht akzeptieren und würden am liebsten so sein wie alle anderen. Denn sie merken, dass sie sich beispielsweise von ihren Geschwistern unterscheiden. Heute vertritt man die Ansicht, dass Kinder mit Down-Syndrom

möglichst viel über ihre Behinderung wissen sollten. Das trage zu ihrer Identitätsbildung bei und ermögliche ihnen, ihren Platz in der Gesellschaft zu finden.

Gerda B. erzählte Dagmar, dass ihr Herz nicht ganz gesund sei. Das konnte Dagmar selbst spüren und dadurch auch verstehen. Fast jedes dritte Kind mit Down-Syndrom leidet unter einem Herzfehler. Wie Dagmar generell mit Schmerzen oder anderen Unpässlichkeiten umging, sollen folgende ausgewählte Passagen aus ihren Aufzeichnungen zeigen.

2.2.74
Heute früh flog ich von der Treppe. Oh, mein Bein, oh, mein Bein schrie ich. Es tat sehr weh.

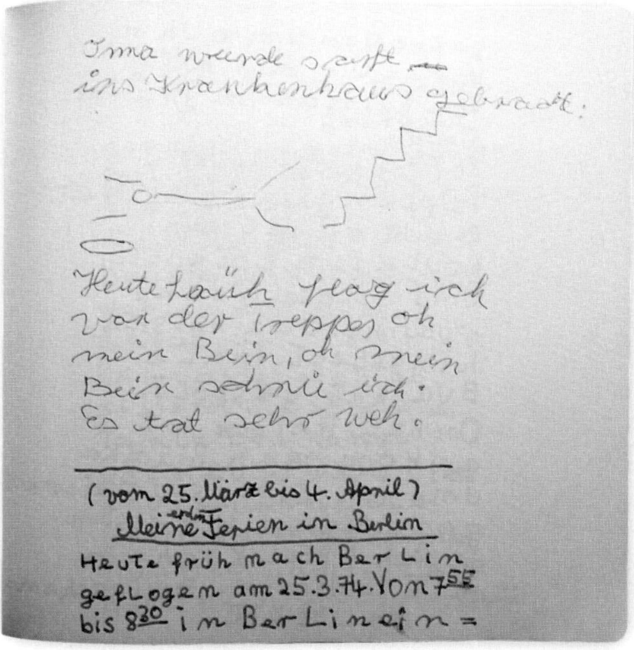
Oma wurde sofort ins Krankenhaus gebracht.

Heute früh flog ich von der Treppe oh mein Bein, oh mein Bein schrie ich. Es tat sehr weh.

(vom 25. März bis 4. April)
Meine ersten Ferien in Berlin
Heute früh nach Berlin geflogen am 25.3.74. Von 7 55 bis 8 30 in Berlin ein =

Folgendes Lied schrieb Dagmar, nachdem sie nachts ins Bett gemacht hatte:

23.03.74
Ein kleines Lied
Eines nachts wurde Dagmi
Wach und ging aufs Klo.
Da sah sie die Bescherung
In der Hos`. Sie ging
ins Bett und weinte sehr.
Da sagte Tante Evi ich
Hol die Wärmflasche her
Da gab ich ihr einen
Klaps da schreite sie sehr
Und hole Oma mit dem
Besen her aber denn noch
Hat sich Dagmar die
Hose vollgemacht.

Nicht immer war Dagmar so tapfer wie beim Zahnarzt, bei dem sie sich in eine andere Welt träumen konnte. 1975 beschrieb sie ihre Untersuchung beim Arzt wie folgt:

Untersuchung
Die schlimme
10.1.1975
Heute früh standen wir sehr früh auf und zogen uns schnell an und frühstückten dann fuhren wir zu Lindens und holten den Schein ab für Dr. Kessler, dann fuhren wir weiter nach Bielefeld und da passierte es dann. Es wurde bei mir Blut abgenommen im Ellenbogen es tat ungemein Weh das ich es kaum noch aushielt. Wir beiden Mama und ich waren dauernd im Wartezimmer. Danach gingen wir zu Dr. Kessler und wir unterhielten uns dann nahm er mich mit und untersuchte mich, dann kam das Ekage und ich

wurde angemalt von oben bis unten und überall. Dann wurde ich geröncht mit einatmen und ausatmen. Dann haben sie mir wieder Blut abgenommen aus dem Mitteleren Finger. Den letzten Rest gaben mir die Kniebeugen. Ich gehe nie wieder zum Arzt für dieses Jahr 1975.

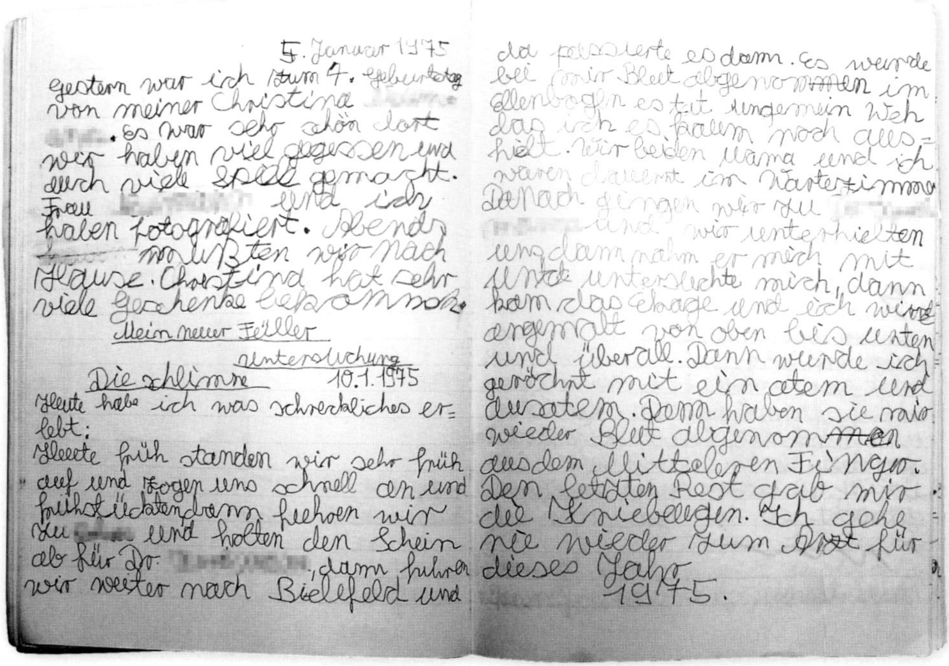

5. Januar 1975
gestern war ich zum 4. Geburtstag
von meiner Christina [illegible]
[illegible]. es war sehr schön dort
wir haben viel gegessen und
auch viele spiele gemacht.
Frau [illegible] und ich
haben fotografiert. Abends
[struck] mußten wir nach
Hause. Christina hat sehr
viele Geschenke bekommen.
Mein neuer Füller

Die schlimme Untersuchung 10.1.1975
Heute habe ich was schreckliches er=
lebt:
Heute früh standen wir sehr früh
auf und zogen uns schnell an und
frühstückten dann fuhren wir
zu [illegible] und holten den Schein
ab für Dr. [illegible], dann fuhren
wir weiter nach Bielefeld und
da passierte es dann. es wurde
bei mir Blut abgenommen im
Ellenbogen es tut ungemein Weh
das ich es kaum noch aus-
hielt. wir beiden Mama und ich
waren dauernt im Wartezimmer
Danach gingen wir zu [illegible]
[illegible] und wir unterhielten
uns dann nahm er mich mit
und untersuchte mich, dann
kam das Etage und ich wurde
angemalt von oben bis unten
und überall. Dann wurde ich
gerönt mit ein atem und
ausatem. Dann haben sie mir
wieder Blut abgenommen
aus dem Mitteleren Finger.
Den letzten Rest gab mir
die Kniebeugen. Ich gehe
nie wieder zum Arzt für
dieses Jahr
1975.

Dagmar schrieb so anschaulich und dramaturgisch geschickt, dass man sich diesen schrecklichen Arztbesuch gut vorstellen kann und mit ihr fühlt. Meist reagiert sie aber mit Humor auf ihre „Wehwehchen".

4. Januar 1983
Heute sind Mama und ich (statt mit Zug) mit unserem Auto nach Hannover gefahren. Ich bin schon wieder einmal gestürzt diesmal auf das andere Knie. Muß wohl in sein bei mir. Und das wieder in den Weihnachtsferien. Mama und ich haben uns mit Tante Annemarie dort getroffen bei Stoll Pelzgeschäft in Hannover. Bei Möwenpick haben wir zu Mittag gegessen. Schinken, Tomaten, Champignons, Käse auf Toast. Und als Nachtisch Swiss Cokolat Doodle Eis. Baldige Rückfahrt wieder. Eine Stunde später war ich noch zum Geburtstag von Tini.

Gerda B. erinnert sich noch genau an diesen Tag. Damals lebte Dagmars Vater noch, war aber schon sehr krank. Gerda B. sollte sich einen Pelzmantel kaufen und nach Aussage ihres Mannes bitte nicht auf ein paar Tausend Mark schauen. Von dem teuren Pelzmantel ist in Dagmars Bericht jedoch gar nicht die Rede. Das Essen bei Möwenpick ist Dagmar dagegen eine genaue Beschreibung wert. Ein leckeres Essen half Dagmar oft über Kummer und Schmerzen hinweg.

13. Jan. 84
Heute morgen nach dem Aufstehen ging es mir gar nicht sehr gut (wie ein schlafwandelndes Mädchen) bin ich umhergewankt. Ich habe es mir auch nicht anmerken lassen, meine Meinung dazu, ich fand es gut, daß ich es nicht gesagt habe. Vormittags habe ich noch etwas gearbeitet. Bei meinem sehr, sehr großen Lieblingsessen ging es mir schon wieder dementsprechend sehr viel besser. Nach einem kleinen Schlummerstündchen war ich bei Hollers unten eingeladen (ohne Tante Trude).

Bemerkenswert ist hier, dass Dagmar sich ihre Unpässlichkeit nicht anmerken lassen wollte und auf dieses tapfere Verhalten auch sehr stolz war.

1984
DAGMARS GEDANKEN ÜBER EIN LEBEN IM HEIM

Durch ihre Mitgliedschaft im Behindertenkreis kannte Dagmar behinderte Menschen, die in einem Heim lebten. Sie machte sich darüber ihre eigenen Gedanken.

7. Mai 1984
Wieder ein sehr, sehr großer schmerzlicher Trauerfall. Frau Reiters Vater ist heute morgen nun auch gestorben im Alter von 96 Jahren. Besonders ich bin sehr, sehr traurig darüber schon Frau Reiters und Heiners wegen. Besonders bin ich mit Frau Reiter sehr, sehr befreundet und die Freundschaft wird immer bleiben. Auch manchmal bin ich mit Heiner noch sehr befreundet. Wenn er auch im Wohnheim nun wohnt. Am liebsten hätte ich das Heiner wieder zu seiner sehr, sehr lieben Mutti zurückzieht. Sie braucht nun Heiners sehr, sehr große Hilfe. Das was ich hier niederschreibe möchte ich bitte wieder in Wirklichkeit haben. Das Wohnheim ist schön und gut am besten ist Heiner zu Hause aufgehoben bei seiner sehr, sehr lieben Mutti. Wo er auch hingehört für immer und ewig.

Dagmar dachte auch darüber nach, dass sie selbst einmal in so einem Heim leben würde.

Pfingsten 11. Juni
An dem schönen zweiten Pfingstmorgen war für die ganz kleinen von 2-16jährigen eine Puppenaufführung (Kasperle Theater"Rumpelstilzchen) was Frau Bessert veranstaltete. Die Erzählerin erinnerte mich so an Astrid Lindgren so eine sehr schöne Aufführung habe ich sehr lange nicht gesehen wie diese.
Später soll ich auch einmal zu den Antrophosophen in ein ähnliches Heim … in der Sonnenhalde in Götzweiler. Aber nicht im Süd Schwarzwald. Ich will vorläufig auch noch nicht dort hin. Ich möchte bei meiner sehr, sehr lieben Mama bleiben und auch in der

Nähe von Elmar. Und auch Tante Trude dürfen wir nicht ganz vergessen dabei. Ich möchte auch noch meinen sehr großen Freundes- und Bekanntenkreis auch behalten. Ich kann mir das auch nicht so vorstellen bei mir später einmal, wenn ich da hin soll. Ich möchte aber auch nicht das so wie Hartmut, wenn ich weg soll unbedingt.

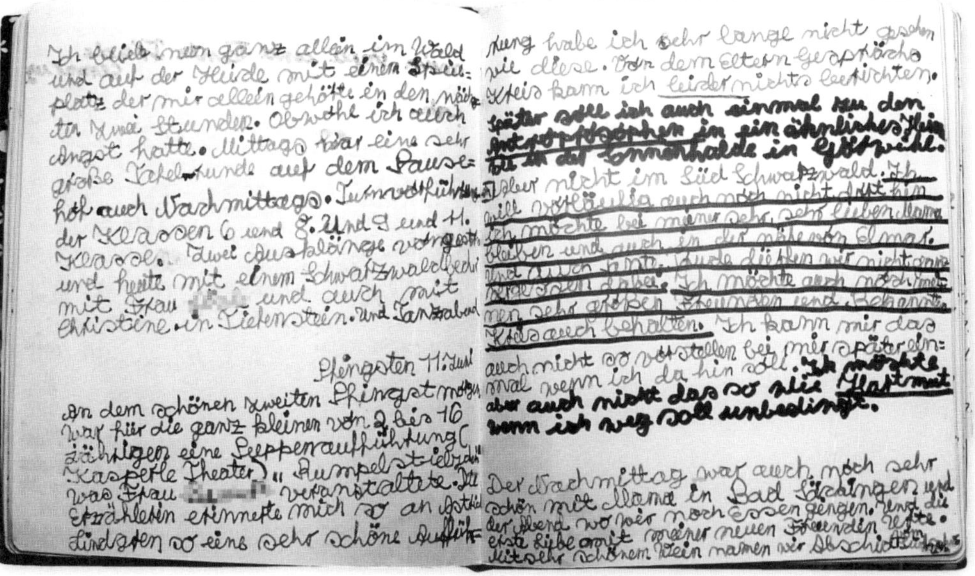

Für Gerda B. war die Vorstellung unerträglich, dass Dagmar sie überleben und dann in ein Heim kommen würde. Dennoch musste sie für diesen Fall vorsorgen und suchte eine geeignete Einrichtung aus. Sie erinnert sich noch genau an den Tag, an dem sich Dagmar dort vorstellen sollte.
Dagmar war sehr aufgeregt und ängstlich, als ihre Mutter mit ihr darüber sprach. An dem Tag, an dem sie zum Aufnahmetest sollte, fürchtete sie, ihre Mutter könnte sie im Heim zurücklassen. Obwohl Gerda B. ihr versicherte, dass es sich nur um einen Aufnahmetest für den Notfall handelte, blieb Dagmar verunsichert. Dementsprechend zurückhaltend saß sie zunächst in der Runde, die sich aus dem Direktor des Heims, zwei Lehrern,

einem Arzt, dem Hausmeister und ihrer Mutter zusammensetzte. Der Aufnahmetest sah zunächst vor, dass Dagmars Mutter einige Fragen beantworten sollte. Doch dazu kam sie nicht. Als Dagmar erkannte, dass sie die erste Frage, die an ihre Mutter gerichtet wurde, beantworten konnte, legte sie alle Scheu ab. „Diese Frage kann ich beantworten", begann sie, und nach kurzer Zeit war Dagmar diejenige, die Fragen stellte.

DIE GROSSE FREUNDSCHAFT ZU IHREN BETREUERINNEN

Es gab Situationen, in denen Verwandte oder Bekannte sich zeitweise um Dagmar kümmerten. Dagmar hatte eine große Zuneigung zu ihren Betreuerinnen. Sie spielten in ihrem Leben eine ganz wesentliche Rolle.

19. Oktober 1984
Vom 5. Februar bis zum 21. Februar war Tante Hildegard wieder bei uns und hat mich hier ganz toll betreut in der Zeit war Mama auf Sylt vom 9. bis zum 16. Febr. Mama hat auch noch einen 60. Geburtstag in der Lüneburgerheide noch mitgefeiert auf Onkel Schorschis Geburtstag in Fallingbostel. Bevor sie mit Tante Traute nach Sylt fuhr. Meine Betreuung mit Tante Hildegard war ganz große Klasse und … Spitze ... so sehr schön wird's nie wieder sein, wenn ich sie auch immer hier hätte. Wir hatten sehr großen Spaß immer – bis auf einige Male (Muß wohl auch an mir gelegen haben). Mit toller Volksmusik, die wir hier immer hörten täglich und wir sahen auch sehr viel Fernsehen. Jeden Morgen hatten wir auch unsere Bettspäße. Immer bis auf einmal ein sehr großer Lachanfall von Tante Hildegard kam als sie einen Niesanfall in so sehr großer Lautstärke bekam. Das ich unter ihr zusammengebrochen bin auch mit einem großen Lachanfall. Es ist sehr, sehr schade, dass sie wieder zu Hause in Panitz ist. So schön wird's nie wieder sein, einmal muß sie fort von hier. Abschiedstränen.

Gerda B. glaubt, dass Dagmar in ihren Betreuerinnen einen Ersatz für fehlende Freundinnen suchte. Einmal klagte Dagmar, dass sie im Gegensatz zu ihrer Mutter keine richtigen Freundinnen habe. Sie beneidete ihre Mutter um deren langjährige Freundschaften. Dagmar spürte, dass diese Beziehungen ihrer Mutter starken Halt gaben. Sie selbst hatte nur oberflächliche Bekanntschaften mit Menschen aus dem Kreis der Behinderten oder mit Nachbarkindern, die älter wurden und dann wieder aus ihrem Leben verschwanden. Dagmar ahnte, dass es hier einen Unterschied zwischen ihren Freundschaften und denen ihrer Mutter gab. Dagmar räumte ihren Betreuerinnen besonders viel Platz in ihren Tagebüchern ein. Freundinnen waren ihr sehr wichtig. Sie standen aber nicht in Konkurrenz zu ihrer Mutter, die zweifellos der wichtigste und meistgeliebte Mensch in ihrem Leben war. Dagmar litt sehr, wenn sie nicht mehr im Mittelpunkt ihrer Bezugspersonen stand.

13. Juni 85
Dazu muß ich auch noch erzählen, dass ich ein Schäfchen bin … auf einem weiten Feld. Thema-Tante-Trude
Sie liebt nur noch Monika und Stephanie von ganzen Herzen … Ich bin ein nichts. In ihrem Leben. Das habe ich in diesen Tagen ganz deutlich genug bemerkt.
Pfaffenbergs haben mich dabei sehr, sehr getröstet, die merkten dass ich schrecklich an Tante Trude litt. Sie ließen es die Tante Trude nicht merken. Sonst würde die Freundschaft schon längst aus sein mit Tante Trude.
Von dem letzten Tage will ich nicht mehr viel schreiben, der Vormittag verlief ganz ruhig. Frau Schimmer war wieder zum Putzen da. Es gab nicht mehr viel. Nachmittags kam Monika noch rauf zum Lernen. Nach dem Lernen fuhr ich bald schon wieder ab. Am 9. Mai das war für mich wie immer sehr traurig. Das war keine Anstellung wie Mama meinte. Ich war wirklich sehr traurig, als ich wieder abfuhr. Ganz besonders bin ich immer traurig um Tante Trude. Das sie Monika immer hat und Stephanie. Ich bin auch unglücklich immer, dass ich immer sehr, sehr eifersüchtig auf

Monika bin. Und das Tante Trude böse mit mir immer wird, kann ich ja auch verstehen.
Meine Angstzustände
An Tante Trude!
Nun, armes Herze, sei nicht bang!
Nun, armes Herz, vergiß der Qual!

Dagmar war bewusst, dass ihr Verhalten nicht ganz gerecht war, und sie versuchte auch gegen ihre Eifersucht anzugehen.

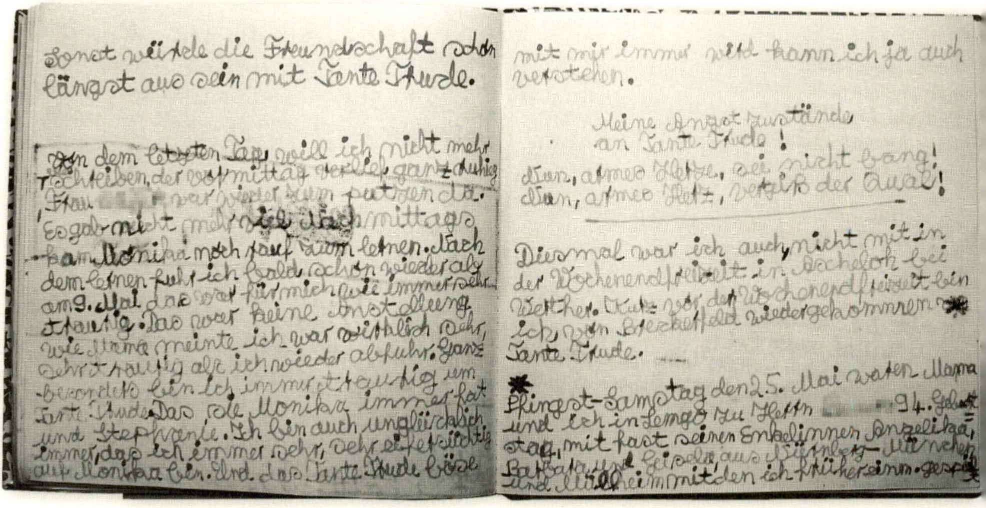
sonst würde die Freundschaft schon längst aus sein mit Tante Trude.

Von dem letzten Tag will ich nicht mehr schreiben. Der Vormittag verlief ganz ruhig. Frau [illegible] war wieder zum putzen da. Es gab nicht mehr viel. Nachmittags kam Monika noch rauf zum lernen. Nach dem lernen fuhr ich bald schon wieder ab am 9. Mai. Das war für mich wie immer sehr traurig. Das war keine Anstellung, wie Mama meinte ich war wirklich sehr, sehr traurig als ich wieder abfuhr. Ganz besonders bin ich immer traurig um Tante Trude. Das sie Monika immer hat und Stephanie. Ich bin auch unglücklich immer, daß ich immer sehr, sehr eifersüchtig auf Monika bin. Und das Tante Trude böse

mit mir immer wird kann ich ja auch verstehen.

Meine Angstzustände
an Tante Trude!
Nun, armes Herze, sei nicht bang!
Nun, armes Herz, vergiß der Qual!

Diesmal war ich auch nicht mit in [illegible] bei der Wochenendfreizeit in [illegible] bei [illegible]. Kurz vor der Wochenendfreizeit bin ich von [illegible] wiedergekommen zu Tante Trude.

Pfingst-Samstag den 25. Mai waren Mama und ich in Lemgo zu Herrn [illegible] 94. Geburtstag, mit fast seinen Enkelinnen Angelika, Barbara und [illegible] aus [illegible] und [illegible] mit den ich früher einm. gesp[illegible]

1985
DAGMAR HÖRTE AUF, TAGEBUCH ZU SCHREIBEN

Mit der ausführlichen Beschreibung ihrer fröhlichen Ferienzeit bei Verwandten in der DDR enden am 30. August 1985 Dagmars Tagebuchaufzeichnungen für lange Zeit. Die letzten 30 Seiten ihres zehnten Tagebuches blieben leer. In den folgenden neun Jahren bis 1994 schrieb sie keine Tagebücher. Ohne ein Wort der Erklärung stellte sie das Tagebuchschreiben ein. Merkwürdig erscheint dies, weil Dagmar zum Schluss nicht kürzer oder seltener schrieb, sondern wirklich unerwartet aufhörte. Ihre Mutter vermutet, dass es Dagmar in dieser Zeit nicht sehr gut ging. Da sie stark an Gewicht zugenommen hatte, musste sie auf Diät gesetzt werden. Bei vielen Erwachsenen mit Down-Syndrom besteht die Gefahr zum Übergewicht, da sie besonders gern kalorienreiche Nahrung zu sich nehmen und sich verhältnismäßig wenig bewegen.
Eingeschränktes Essen bedeutete für Dagmar den Verlust einer großen Lebensfreude.
In der Zeit von 1987 bis 1994 machte sie lediglich Notizen in Tagesplanern. Diese fielen unterschiedlich umfangreich aus. Oft trug sie wochenlang gar nichts ein. Manchmal erscheint nur ein Geburtstag oder ein knapper Tagesbericht. Einige Seiten sind aber auch so voll geschrieben, dass der Platz in den Spalten der Tagesplaner kaum ausreichte.
Statistischen Erhebungen zufolge verschlechtert sich der körperliche und geistige Zustand bei einem Drittel der Menschen mit Down-Syndrom bereits nach dem 30. Lebensjahr. Im Vorfeld lässt ihre Lebensfreude deutlich nach. Demnach könnte man vermuten, dass auch bei Dagmar dieser Prozess 1985 mit 31 Jahren eingesetzt hatte. Doch dem war nicht so.

1994
DAGMAR SETZTE NEUN JAHRE SPÄTER IHR TAGEBUCHSCHREIBEN FORT

1994 nahm Dagmar mit 40 Jahren das Tagebuchschreiben wieder auf. Dies widerspricht dem statistischen Verlauf ihrer Krankheit. Nach medizinischen Erkenntnissen ist es sehr unwahrscheinlich, dass sich der körperliche und geistige Zustand eines Menschen mit Down-Syndrom in diesem Alter verbessert. Die Tatsache, dass Dagmar wieder Tagebuch schrieb, könnte aber durchaus als eine Verbesserung gewertet werden. Dagmar begann ihr elftes Tagebuch ohne eine Erklärung dafür abzugeben, warum sie so lange nicht geschrieben hatte.
Der erste Eintrag:

> *Samstag, 4. Juni (1994), 14:45 Uhr*
> *Nach ewiger und langer Zeit fange ich wieder ein neues Tagebuch auch einmal wieder an. Heute vormittag war es ein stürmisches Regenwetter. Und wir waren auf dem Markt zum Einkaufen. Neuerdings habe ich auch einen neuen Freundeskreis (damaligen Foto Oberweiser). Margit Schwarz. Die seit dem nun in München-Puchheim wohnt. Langsam muß ich mich, auch an sie gewöhnen. Eine ältere Bekannte aus Meurers Haus noch ist inzwischen einer meiner großen Lieben und treuen Freundin auch geworden. Tante Anni Liebenau.*

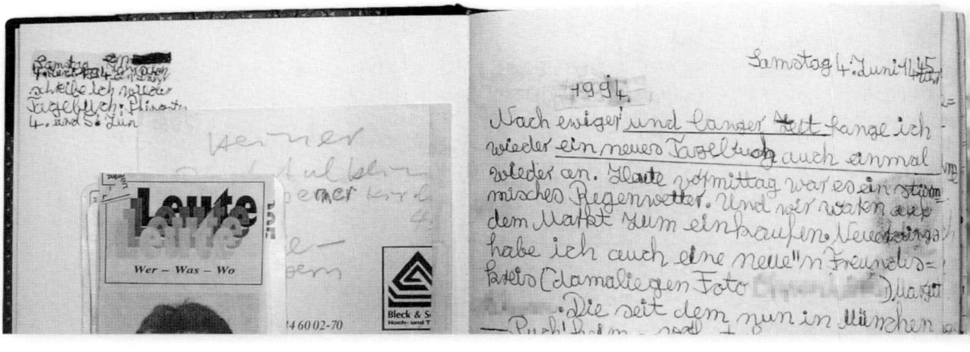

DAGMAR BEMERKTE DIE VERSCHLECHTERUNG IHRER GEISTIGEN FÄHIGKEITEN

Obwohl es positiv zu werten war, dass Dagmar wieder Tagebuch schrieb, klagte sie selbst nun immer öfter über ihre nachlassenden geistigen Fähigkeiten. Es fällt auf, dass ihre Satzkonstruktionen und ihr Schriftbild schlechter wurden. Ihre Aussagen bleiben aber überwiegend verständlich. Auf eine Korrektur der Texte wurde weitestgehend verzichtet.

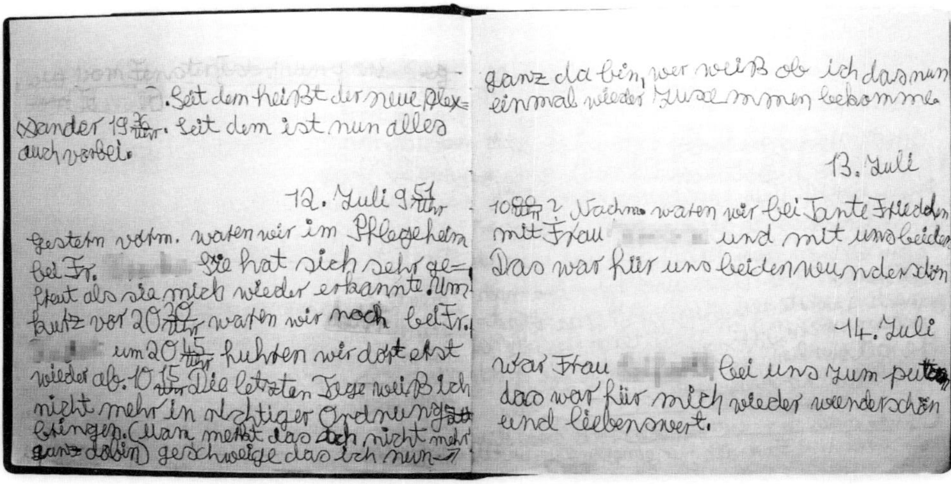
[redacted]. Seit dem heißt der neue Alexxander 19 Uhr. Seit dem ist nun alles auch vorbei.

12. Juli 9 51 Uhr

Gestern vorm. waren wir im Pflegeheim bei Fr. [redacted] Sie hat sich sehr gefreut als sie mich wieder erkannte. Um kurz vor 20 30 Uhr waren wir noch bei Fr. [redacted] um 20 45 Uhr fuhren wir dort erst wieder ab. 10.15 Uhr Die letzten Tage weiß ich nicht mehr in richtiger Ordnung zu bringen. (Man merkt das doch nicht mehr ganz da bin) geschweige das ich nun → ganz da bin, wer weiß ob ich das nun einmal wieder Zusammen bekomme.

13. Juli

10 00 Uhr? Nachm. waren wir bei Tante Friedchen mit Frau [redacted] und mit uns beiden Das war für uns beiden wunderschön

14. Juli

War Frau [redacted] bei uns zum putzen das war für mich wieder wunderschön und liebenswert.

12. Juli (1994), 9:51 Uhr
Gestern vorm. waren wir im Pflegeheim bei Fr. Frischmut. Sie hat sich sehr gefreut als sie mich wieder erkannte. Um kurz vor 20:45 Uhr fuhren wir dort erst wieder ab. 10:15 Uhr. Die letzten Tage weiß ich nicht mehr in richtiger Ordnung zu bringen. (Man merkt, dass ich nicht mehr ganz da bin) geschweige, dass ich nun ganz da bin, wer weiß, ob ich das nun einmal wieder zusammen bekomme.

Auffällig ist auch, dass Dagmar in den folgenden Tagebüchern kein Jahr mehr angab. Die Jahreszahlen wurden von mir nachträglich in Klammern hinzugefügt, um die Aufzeichnungen einordnen zu können. Statt der Jahreszahl notierte Dagmar die genaue Tageszeit. Sie erscheint meist am Anfang und am Ende ihres Eintrags. Auslöser dafür war eine digitale Funkuhr, die Dagmar geschenkt bekommen hatte. Diese Uhr nahm sie überall mit hin. Wenn sie sie einmal verlegt hatte, war sie sehr unglücklich und gab erst Ruhe, wenn die Uhr wiedergefunden war. Selbst ihrem Bruder, der zu dieser Zeit schon lange nicht mehr zu Hause lebte, entging nicht, dass Dagmar die Uhr ständig mit sich herumtrug. Vielleicht gab ihr diese Uhr eine Sicherheit, die sie durch ihre Geistesschwäche immer mehr verlor. Gesprochen hat sie nie darüber, und auch in ihren Tagebüchern findet sich keine Erklärung für ihre minutiösen Zeitangaben.

DER 41. GEBURTSTAG

An ihrem Geburtstag hatte Dagmar wie auch in den Jahren zuvor viel Freude.

> *14. Oktober und 15. Oktober (1994)*
> *Ich freu mich schon wieder riesig ab morgen 17. Oktober kommt Ingrid doch nun auch zu meinem 41. Geburtstag. Vom 8. Oktober bis zum 16. Oktober waren die beiden auch in Berlin um einen Bekannten zu betreuen. Aber nun (Werner Gerd) bin auch ich wieder noch fröhlicher. Und festlich bedingt anläßlich meines 41. Lebensjahres.*
> *Sonntag, den 23. Okt. (1994) 14:17 Uhr*
> *Dienstag. Vor ein paar Tagen am 18. Oktober hatte ich meinen 41. Geburtstag auch noch mit erlebt. Ab 11:00 Uhr bis 13:00 Uhr waren Salbers (2), Tante Ulla (3), Tante Trude (4), Mama (5), Geburtstagskind (6), Fr. Reiter (7), Fr. Müller (8), F. Hilde (9), Christa (10), Fr. Liebenau (11), Winklers (14), Fr. Kirsch (15) (Ilse), Edith, Ingrid (17), Fr. Eckert (18), Benjamin (19), Tabea*

(20), Olympia (21), Fr. Hase (22) und auch Lindens (23). Alles kann ich leider nicht mehr in richtiger Ordnung zu bringen und auch halten. Erst später, wenn ich meine Fotos alle fertig habe. (So eilt mein heiß geliebter Bruder Elmar (14) aus Bielefeld vom 50. Geburtstag seines Schulfreundes Heinrich Philips. Der am 19. Okt. auch Geburtstag hatte hier angereist. Anläßlich meines Geburtstages. 15:30 Uhr.

Dagmars Aufzählungen wurden nun noch genauer von ihr vorgenommen, indem sie die Gäste nummerierte. Sie wies auch hier darauf hin, dass sie nur mit Hilfe der Fotos ihren Geburtstag genau rekonstruieren könne. Immer wieder berichtete sie von ihrer geistigen Schwäche, die sie zu beunruhigen schien. Ihrer Ansicht nach handelte es sich um eine Verschlechterung ihrer Fähigkeiten. In ihren ersten Tagebüchern hat sie solche Schwächen nie erwähnt.

Sonntag 13. Nov. (1994), 12:18 Uhr
Seit dem 11. November bin ich wieder krank mit meinem armen Herzen immer ein bißchen zwischen beiden Busen (Brüsten). Mama und Tante Hilde waren in Bielefeld. Frau Liebenau (Tante Anni) bei mir. Es war für uns beide eine wunderschöne Zeit miteinander. Beim Spielen „Mensch ärgere dich nicht“, „Mikado“ und einem Quartett (Kartenspiel).
Irgendwie hatte ich einen Hauweck in mir. Besonders durfte ich noch mit zur rhythm. Gymn.
Gestern, den 12. November lag ich Mittags ab 13:15 Uhr im Bett bis 15:05. Von dem Nachm. war ich nicht mehr viel, ich weiß schon nicht mehr was ich nun gemacht habe mehr. So was lernt man auch nicht mehr. Zweimal waren wir beide auch draußen.

Donnerstag 24. November (1994), 10:40 Uhr
Wir haben wieder wunderschöne Tage hier verbracht wieder. Seitdem ich alles durcheinander bringe, komme ich auch nicht mehr alles zustande. Nachm. zu 16:00 Uhr ist auch Hannelore aus Braun-

lage hier inzwischen auch eingekehrt. Bis ungefähr 17:20 Uhr.

Montag, 19 Dez. (1994), 10:26 Uhr
Ich bin augenblicklich sehr im Streß um diese Jahreszeit. Immer kurz vor Weihnachtszeit. Im Augenblick geht es mit mir recht zufrieden gut. Mir ist es im Augenblick auch noch nicht recht zufrieden. Ich komme mit mir auch nicht zurecht im Moment. 11:08 Uhr

Dagmar sprach nie über ihre nachlassenden geistigen Fähigkeiten. Sie wirkte auf ihre Mitmenschen weiterhin überwiegend fröhlich. Auch das Zusammenleben mit ihrer Mutter wurde dadurch nicht getrübt.

1995

Das neue Jahr 1995 begann für Dagmar mit einer traurigen Nachricht:

Donnerstag, 12. Januar (1995), 18:45 Uhr,
Ist die ganz kleine Sophie Lindener nach einer ganz schweren Erkrankung Leukämie so plötzlich verstorben. Es ist schwer zu fassen für die Eltern, auch für Mama und mich. Beate ist meine aller liebste Freundin von früher. Von klein auf. Und so treu verbunden mit ihr und die wunderschönen Spielstunden, die wir alle miteinander hatten. In mir ist das große Weinen ausgebrochen und ich kann mich nicht beruhigen darüber. Es tut mir so leid. Und es ist so schmerzlich. Nicht nur für mich. Für die ganze Familie Lindener. In der Fontane Str. 28. 19:30 Uhr.

Dagmar nimmt sich im wahrsten Sinne des Wortes alles sehr zu Herzen.

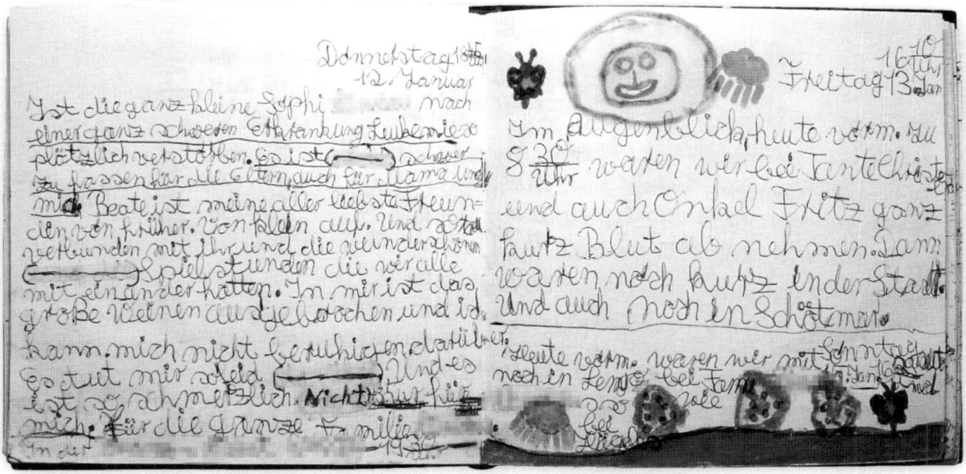
Donnerstag 18 Uhr
12. Januar
Ist die ganz kleine Sophi [redacted] nach einer ganz schweren Erkrankung Leukemie so plötzlich verstorben. Es ist (———) schwer zu fassen für die Eltern, auch für Mama und mich. Beate ist meine aller liebste Freundin von früher. Von klein auf. Und so stark verbunden mit ihr und die wunderschönen (———) Spielstunden die wir alle mit einander hatten. In mir ist das große Weinen ausgebrochen und ich kann mich nicht beruhigen darüber. Es tut mir so leid (———) Und es ist so schmerzlich. Nicht nur für mich. Für die ganze Familie [redacted]
In der [redacted] 19:30
16 10 Uhr
Freitag 13. Jan
Im Augenblick, heute vorm. zu 8 30 Uhr waren wir bei Tante Christel und auch Onkel Fritz ganz kurz Blut ab nehmen. Dann waren noch kurz in der Stadt. Und auch noch in Schöttmar.

Samstag, den 25. Februar (1995), 17:19 Uhr
Vom 9. Feb. in 17 Tagen: zwei Wochen so lange habe ich es nicht eingehalten in meinem Tagebuch nicht mehr zu schreiben. Nun weiß ich wirklich nicht mehr wo ich hier anfangen soll. Am 6. Feb. hatte ich wieder meine Herzrhythmus Störungen, so dass ich wieder ganz krank war. Ich merke es noch manchmal. In meinem Herzen. Inzwischen hatten alle Schülerinnen in Panitz wieder ihre Winterferien. In Sachsen vom 16. Febr. bis zum 25. Feb. Die trauen sich nicht wohl hier herzukommen. Wie vor Jahren, als ich wieder einmal krank war (vor fünf Jahren 1990), 18:22 Uhr vom 6. Febr. bis zum 25. Feb. 18:24 Uhr.

Da es Dagmar nicht so gut ging, konnte sie an vielen Dingen nicht mehr teilnehmen. Für ihre Mutter wurde es immer schwieriger, sie auf Reisen mitzunehmen. Dagmar litt sehr darunter und reagierte oft mit Unverständnis, wenn ihre Mutter ohne sie verreiste.

Dienstag 4. April (1995) 19:15 Uhr
meine Mama packt nun auch ihre zahlreichen Koffer für ihre große

Reise ein. Die nichts davon hat, bin ich ganz allein. Ich bin schon dem Weinen nahe. Ich denke an so viele, die nichts davon haben. Wie ich und meine Liebsten. Ich möchte auch einmal wieder verreisen für meine Zukunft. Tante Trude ist auch verreist am Gardasee vom 1. April bis zum 8. April.

Dagmar versuchte sich mit ihren Betreuerinnen darüber hinwegzutrösten:

Sonntag 11. Juni (1995), 14:20 Uhr
Eine wunderschöne Betreuung hatte ich am 8. und 9. Juni anlässlich eines 50.ten Geburtstages meines Bruders Elmar. Am Vorm. zu 8:00 Uhr ist Tante Anni Liebenau bis 20:00 Uhr hier eingetroffen. Und hat mich wunderschön bekocht fantastische Nudeln mit Tomatensoße und Parmesankäse und frischen Salat. Und auch Mensch ärgere dich nicht und geskräbbelt haben wir auch zwei wunderschöne Vormittage und Nachmittage. Und zu 20:00 Uhr ist meine Ingrid Meurer auch gekommen bis morgens zu (statt 8:00 Uhr) 7:00 Uhr. Wir haben auch Top Rummey auch den ganzen Abend gespielt. Für mich war das wunderschön. Wir haben auch zwei wunderschöne Spaziergänge auch gemacht. Das einzigste was mir sehr, sehr fehlte war mein großer Markt am Donnerstag und am Samstag. Was soll ich nun machen.

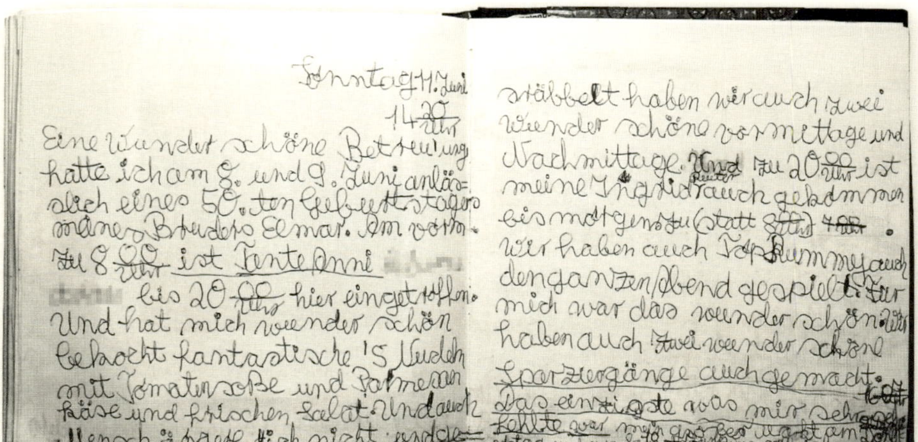

DIE KLEINE WELT DER NACHBARSCHAFT

Dagmar hielt sich aufgrund ihrer Krankheit zwangsläufig mehr im Haus und der näheren Umgebung auf. Die ruhige Anliegerstraße vor dem Haus spielte nun wieder eine wichtige Rolle in ihrem Leben. In jungen Jahren hatte sie dort mit den Nachbarskindern gespielt. Nun waren die Kinder erwachsen und wohnten nicht mehr dort. Die neu hinzugezogenen Kinder hatten keine Beziehung zu Dagmar, was sie nicht verstehen konnte. Oft erschraken sie sogar vor Dagmar und liefen davon. Ihre Mutter versuchte sie darüber hinwegzutrösten. Sie machte Dagmar verständlich, dass sie für diese Kinder eine „alte Tante" sei, mit der sie nichts anzufangen wüssten. Aber Dagmar konnte dies nur schwer akzeptieren.

> *Samstag 25. Juni (1995), 16:08*
> *Ein ruhiger wunderschöner Nachmittag hier im Alten Bach. Nachbarkinder spielt hier überhaupt nicht mehr. Ich habe so den Eindruck, das ich ihnen auf die Nerven falle. Darüber bin auch ich sehr traurig. Ich könnte nur noch weinen. Ich genieße hier auf unserem Liegestuhl. Und denke nach Panitz zu meinen lieben auf einem schlesischen Bauerngestüt Barbara Bond wo Tante Hildegard Badener zu Hause war. Es ist 18:00 Uhr.*

Alle Ereignisse in der Nachbarschaft wurden von Dagmar genau verfolgt und in ihrem Tagebuch festgehalten. Dazu gehörte auch der Tod eines Nachbarn, der sie sehr traf. Gerda B. erinnert sich, dass Dagmar in den verstorbenen Nachbarn verliebt war. Dies gestaltete sich sehr tragisch, zumal der Nachbar sie keines Blickes würdigte. Dennoch hielt Dagmar immer am Fenster Ausschau nach ihm, bis er von der Arbeit nach Hause kam. Dann lief sie auf die Straße, um sich mit ihm zu unterhalten. Aber immer wieder kehrte sie enttäuscht zurück. Wahrscheinlich ahnte der Nachbar nicht einmal, welche Qualen Dagmar seinetwegen litt. Als er starb, bedauerte Dagmar aber nicht nur sich selbst:

3. Sept. (1995), Sonntag, 14:18 Uhr
Seit dem 1. September ist hier so unfassbar ein jugendl. Nachbar hier so plötzlich verstorben im Alter von 44 Jahren. 1951 geboren. Worüber ich sehr traurig darüber bin (mein) heißgeliebter Reinhard Möller. Man merkte es im ganzen Alten Bach alles ist einsam still hier. Bei allen Nachbarn ist es alles unfassbar. Ganz besonders bei seinen Kindern Antje und Felix. Beide gehen noch immer zur Schule. Im Alter 15 Jahre, 1980 geboren. 1982 geboren, 13 Jahre alt. Wie verkraften die beiden das in jungen Jahren. (Ich habe das hinter mir seit 1983. Damals war auch ich 30 Jahre alt. Mein Bruder, der war 38 Jahre alt.) So einem geht es in dem Alter. Fast alle Nachbarn waren auch mit dort. (Bis auf Marlies und Heribert Rochen, die auf Urlaub sind.) (Obwohl am 26. August die Sommerferien beendet waren). Dieks (2), Bart (4), Hases (6), Hausers (8), Radlers (10), Bachs (12). Sowie Frau Schwieger (13). Die anderen waren alle nicht mit. Mietshaus - Bassermann, Habers. (Leichsenring). Wildbach 19. Wir waren alle ganz bedrückt, das schmerzerfüllte Leben eines Jugendlichen im Mannesalter. Wie Reinhard Möller war. Es löste sich erst bei allen als wir im Lokal „im Borke“ waren. Als Abschluß sprach Frau Lilo Floss. Dann fahren alle Mitbeteiligten wieder heimwärts. 16:19 Uhr.

Wieder einmal erinnerte sich Dagmar an den für sie so schmerzvollen Tod ihres eigenen Vaters. Sie konnte mit den Nachbarskindern mitfühlen. Der zunächst sehr emotionalen, fast poetischen Ausdrucksweise Dagmars folgt auch in dieser Beschreibung eine sehr genaue Aufzählung der Trauergäste. Dagmar bemerkte immer häufiger, dass mit ihren Gedanken etwas nicht stimmte, und suchte sich verlässliche Daten. Zahlen spielten dabei eine immer größere Rolle.

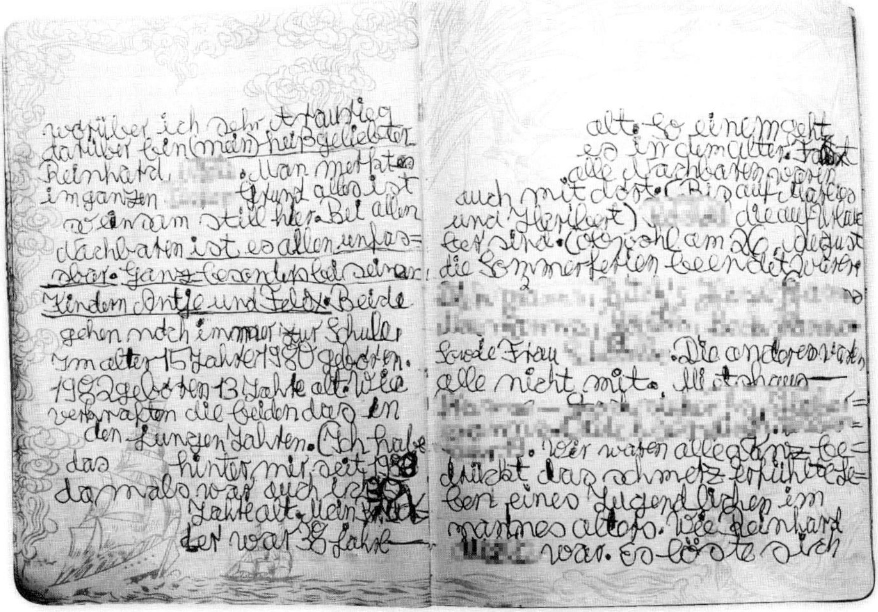

DAGMAR FAND SICH NICHT MEHR ZURECHT

Immer wieder schrieb Dagmar nun in ihr Tagebuch, dass sie mit ihrem Leben nicht mehr richtig zurechtkam.

> *Mittw. 13. Sept. (1995), 10:09 Uhr*
> *Gestern ich komme mit meiner Zeitplanung überhaupt nicht mehr zurecht. Nichts klappt mehr hier im Haus. Seitdem meine Mama in O Deutschland ist (da kommt keiner mit klar) nicht einmal ich. Alles vergeht viel zu schnell. (Der Sommer endet ab 24. Sept.) Die Sommerzeit geht in der Nacht zu Sonntag zu Ende. Um eine Stunde werden die Uhren um 3:00 Uhr zurückgestellt – auf 2:00 Uhr. So vergeht in Nordrhein Westfalen der herrlichste Sommer vorbei. Hoffentlich bekommen wir in diesem Jahr auch einen wunderbaren sehr bunten Herbst wo manche Nachbarkinder ihre Drachen steigen lassen. Bunte Drachen sehe ich sehr gerne.*

Die Zeitumstellung war wieder ein verlässliches Datum in Dagmars Leben, das sie wie fast jedes Jahr in ihren Tagebuchaufzeichnungen erwähnte. Gleich darauf beklagte sie wieder ihren geistigen Zustand.

29. September (1995), Freitag, 17:10 Uhr
Im Augenblick bin ich fast dem Weinen nahe. Frau Hernichs bringt einen ganz durcheinander. Ich bin heil froh, dass sie am 2. Oktober wieder nach Ginnsheim bei Mainz zu ihrer Freundin fährt. Damit ich wieder normal werde. (Am Mittw. den waren Elli u. Frau Krämer aus Leopoldshöhe hier. Ein Wunder schöner Nachm. hier. Mit feiner marnie. Zu 17.00 Uhr ist die Tochter Angelika hier her gefahren um ihre Mutti ab zu holen. Gatte von Elli hatte seine Frau auch abgeholt. 20:30 Uhr ist meine Mama zurück gekommen wieder. Ich bin mit mir nicht ganz normal im Augenblick. Wird ganz bestimmt noch ein bißchen dauern. Mit mir und der ganzen Welt. Weiter komme ich im Augenblick nicht mehr in meinem Tagebuch. 10:52 Uhr.

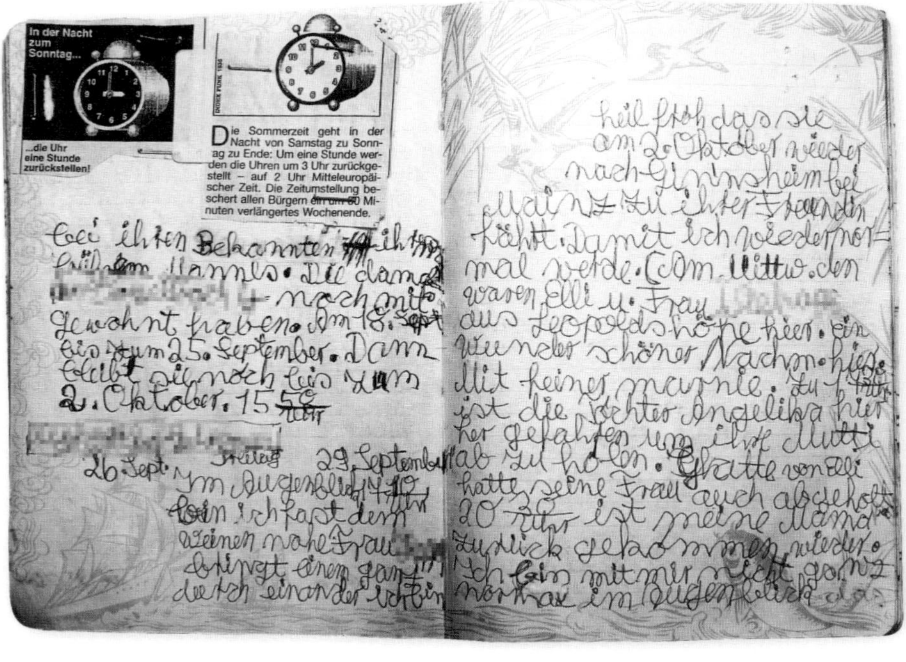

DAGMARS ZUNEIGUNG ZU IHREN BETREUERINNEN WURDE IMMER GRÖSSER

Dagmar beschrieb ihre Betreuerin Ingrid geradezu euphorisch:

> *22. Sep. bis 5. Okt. (1995)*
> *Donnerstag, 10:11 Uhr*
> *Heute am 5. Okt. ist meine allerliebste Freundin Ingrid wieder hier endlich bin ich wieder überglücklich, da mein Lieblingsschatz wieder bei mir ist. Ich möchte am allerliebsten, das du immer bei mir bist. Dann wäre ich noch überglücklicher. Das wünsche ich mir sehnlichst. Mein Schatz, du bist ´ne Wucht, nach dem Schlager mit meinem Lieblingssänger Chris Roberts. Der bunte Herbst zieht über Nordrhein Westfalen. Sowie auch Kraniche fliegen gen Süden sowie gen Bayern und Paffenhofen. Und Baden-Württemberg. Unser Garten und auch Hases Garten die beiden werden bunter.*

in Berlin –
22. Sept. bis 5. Okt
Donnerstag 10.11 Uhr
Heute am 5. Okt ist meine
aller-liebste Freundin Ing-
rid wieder hier endlich bin
ich wieder überglücklich
da mein Lieblingsschatz
wieder bei mir ist. Ich
möchte am allerliebsten
das du immer bei mir
bist. Dann wär ich noch
überglücklicher. Das wün-
sche ich mir sehn-
lichst. Mein Schatz du bist
ne Wucht nach dem Schlager
mit meinem Lieblingssän-
ger Chris Roberts. Der Herbst
zieht über Nordrhein Westfalen.

Sowie auch Kraniche
fliegen gen Süden sowie
gen Bayern und Paffen
hofen. Und Baden-
Württemberg. Unser Garten und
auch [illegible] Garten die
beiden werden bunter. Bis auf eine
Nachbarschaft: sowie Familie [illegible]
14.00
Bis auf einige Nachbarn sowie
Ruth [illegible] und auch Frau
[illegible]. Sowie Herbert und
[illegible]. Sowie auch
Annegret u. [illegible]
[illegible]. Sowie auch
[illegible]. Und auch
und auch das [illegible] mit
allen Nachbarn. [illegible]
sieht man noch [illegible]
Nachbarn. 15 Uhr

Aber auch neuen Betreuerinnen gegenüber zeigte sie sich offenherzig.

23. Okt. bis zum 27. Okt. (1995)
Wieder verreist (wieder) in Berlin. Bei Tante Käthe Häuser-Hasselmann. Ingrid kann leider nicht zum Schlafen hier bei mir sein. Weil ihr Liebling (Unbekannter) am 27. Oktober 65 Jahre wird. Muß ich mich unbedingt an Frau Liebenau gewöhnen (Tante Anni). Die auch nachts bei mir schläft. Zum aller ersten Mal in ihrem Leben. Daran muß sie sich auch gewöhnen in ihrem Leben. Es ist nicht alles anders wie sonst. Man muß sich daran gewöhnen. Nicht nur an unseren gemeinsamen Markt mit Ute Mischels, Markus Scheller und auch Susanne Becker. Cousine Martha Lech und Enkel Mark.

Bemerkenswert an dieser Notiz ist Dagmars ausgeprägtes Sozialverhalten. Nicht nur sie selbst musste sich ihrer Ansicht nach an die neue Betreuung gewöhnen, sondern auch die Betreuerin an Dagmar. Dagmar erwähnte hier auch die Leute auf dem Markt, die sie durch ihre Betreuerin Tante Anni näher kennen gelernt hatte. Sie sollten noch eine wichtige Rolle in ihrem Leben spielen.
Anni Liebenau gewann sehr schnell Dagmars überschwängliche Liebe.

Mittw. 15. November, (1995), 16:39 Uhr
Heute war meine allerliebste Freundin (Tante Anni) Liebenau auch wieder hier. Und hat mit mir wunderschöne Spiele mit mir gespielt, was ich auch fabelhaft von ihr finde. Wer hat schon so eine nette und liebste Freundin so wie ich es bin. (Anke Schinkel hat sowas Gott sei dank nicht) So wie ich. Was ich ganz große Spitze finde von ihr. Sie ist auch meine aller liebste Freundin. (Heike und auch Arnd Meurer sind auch darunter wie gut sie es auch haben) bei ihrer Frau Liebenau. Bei Tante Anni. Sowie ich es auch habe und meisterhaft finde. Wer hat das schon, hat auch nicht jeder. So wie ich. 17:53 Uhr.

DER WOCHENMARKT ERÖFFNETE DAGMAR EINE NEUE WELT

Immer wieder erwähnte Dagmar in ihren Aufzeichnungen den Wochenmarkt, auf dem sie mit ihrer Mutter einkaufte. Durch ihre Betreuerin Anni Liebenau bekam dieser Marktbesuch eine ganz neue Bedeutung in Dagmars Leben.

Anni Liebenau war mit einigen Verkäufern auf dem Markt verwandt und machte Dagmar mit ihnen bekannt. Dagmar genoss diese neue kleine Welt, die sich für sie öffnete.

Gerda B. ging mit ihrer Tochter zweimal in der Woche auf den Markt. Dort konnte sich Dagmar frei bewegen und ihre neuen Freunde besuchen. In der Zwischenzeit erledigte ihre Mutter alle Einkäufe. Wenn sie aus den umliegenden Geschäften auf den Markt zurückkam, um Dagmar abzuholen, wurde ihr gleich von den Verkäufern zugerufen, an welchem Stand sich Dagmar gerade aufhielt. Dagmar war auf dem Markt bestens aufgehoben und unterhielt sich angeregt mit den Marktleuten. Sie war bei allen sehr beliebt.

Donnerstag 18:23 Uhr
1. September (1994)
Heute Vorm. waren wir wieder in der Stadt und zum Markt. Bei Onkel Theo und Susanne. Beide haben sich wieder riesig gefreut. Das ich wieder ein wunderschönes Eis essen durfte.

Dienstag, 25. Okt. (1994) 16:25
Heute Vormittag waren wir beide noch in der Stadt zum Markt bei meinen Lieben. Ich mußte für Theo Michels mit einer riesigen Plastiktüte zum nächsten Verkaufsstand. Das fand ich für mich wunderschön. Was für andere Menschen zu tun.

DER MARKT WURDE ZUM ALPTRAUM

Bei einem ihrer Marktbesuche musste etwas vorgefallen sein, das Dagmar tief bewegt und verunsichert hatte.

> *18. Nov. (1995), Samstag, 19:15 Uhr*
> *Waren wir heute Vorm. noch auf dem Markt. Markus, Monika sowie Susanne Becker, keine Mensch hat mich wieder gegrüßt, was mir immer schmerzlich in mir ist. Das werde ich in mir merken lassen. Das ist für mich immer ein schmerzliches Leben. Für immer und ewig.*

Dagmar erklärte zunächst nicht, wie es zu dieser Verstimmung kam. Erst in späteren Aufzeichnungen machte sie unterschiedliche Andeutungen über den Grund für das veränderte Verhalten der Marktleute. Im Folgenden soll in chronologischer Reihenfolge immer wieder Bezug darauf genommen werden.

WEIHNACHTEN 1995

Als es Ende des Jahres auf Weihnachten zuging, wurde Dagmar sehr besinnlich. Mit ihren Weihnachtswünschen versuchte sie sich allen Kummer von der Seele zu schreiben. Dabei spielten auch die Leute auf dem Markt wieder eine wichtige Rolle.

> *28. November (1995), 14:05 Uhr*
> *All über all auf den Tannenspitzen sah ich goldene Lichtlein blitzen droben aus dem Himmelstor schaut mit großen Augen das Christkind hervor. Die Leuchtkerzen fangen zu brennen an das Himmelstor ist aufgetan. Alt und jung sollen nun von der Last des Lebens einmal ruhn. Und morgen flieg ich hinab zu Erden denn es soll Weihnachten werden zu 1995.*
> *Wer freut sich schon darauf, sowie auch ich, obwohl ich schon 42*

Jahre bin. Ich wünsche mir auch sehnlichst, das ich weiter hin munter und fröhlich auch bin. Und alle meine Wünsche erfüllt werden.
Ganz besonders im Namen meiner lieben auf dem Markt. Die sollen sich nicht aufregen um mich ihr wißt schon was. Ich kann nicht anders auch im Namen der Tante Anni Liebenau. Mein liebes Christkind sowie auch meine Ingrid meine allerliebste Freundin. Ich wünsche mir auch sehnlichst zu Weihnachten der Wunsch soll mir auch wieder erfüllt werden. Sowie Tante Anni und Ingrid nachts bei mir schläft. Bitte liebes Christkind und ich wünsche mir ganz fest, das Onkel Theo Michels wieder ganz schnell so gesund wird. Sonst trauern sie alle auf unserem gemeinsamen Markt und nur ich. Sonst werde ich nur noch kränker. Sonst auch mein Bruder Elmar, der seine Freundin Brigitte Fromm nicht mehr hat. Die soll auch wieder zu ihm ziehen. Das halte ich nicht mehr aus. Ich bin dem Weinen nahe, wenn ich daran zurückdenke.

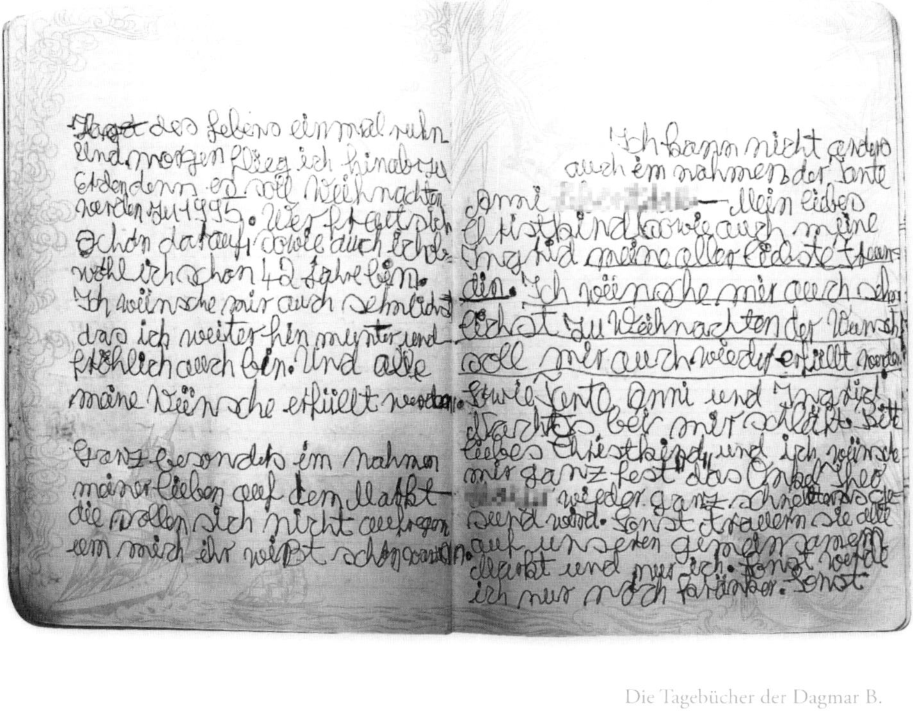
des Lebens einmal sehn
Und morgen flieg ich hinab zu
Erden denn es soll Weihnachten
werden zu 1995. Wer freut sich
schon darauf sowie auch ich ob-
wohl ich schon 42 Jahre bin.
Ich wünsche mir auch sehnlichst
das ich weiter hin munter und
fröhlich auch bin. Und alle
meine Wünsche erfüllt werden.

Ganz besonders im Nahmen
meiner lieben auf dem Markt
die sollen sich nicht aufregen
um mich ihr weißt schon was.

Ich kann nicht anders
auch im nahmen der Tante
Anni — Mein liebes
Christkind sowie auch meine
Ingrid meine aller liebste Freun-
din. Ich wünsche mir auch sehn-
lichst zu Weihnachten der Wunsch
soll mir auch wieder erfüllt werden.
Sowie Tante Anni und Ingrid
Nachts bei mir schläft. Bitte
liebes Christkind und ich wünsche
mir ganz fest das Onkel Theo
wieder ganz schnell so ge-
sund wird. Sonst trauern sie alle
auf unseren gemeinsamen
Markt und nur ich. Sonst werde
ich nur noch kränker. Sonst

Es fällt auf, dass Dagmar keine materiellen Wünsche äußerte. Im Vordergrund standen Gesundheit und Freundschaft.

> *Mittwoch,*
> *20. Dez. (1995), 11:04*
> *Euch allen in meinem zweiten Tagebuchabschnitt übertrage ich mir selber: Was ich mir selbst wünsche: "Das ich immer gesund bleibe munter fidel sowie fröhlich währt am längsten. Und auch weiter meine Zeitungen austragen darf, die ich von Mark oder Veronique bekomme. Und auch weiterhin mit Erika Hauser und Elisabeth Radler meine Freundinnen bleiben. Sowie auch meine aller treusten Freundinnen meine herzensgute Ingrid Meurer und auch Tante Anni Liebenau. Die ich treu und herzens ganz schätze sind Gisela Dregger, Gisela Veigel, Hildegard Lächter, Gaby Max und auch Heidemarie Uhland. Anneliese Reiter, Christa Masuren. Sowie Margit Schwarz. Auch ausserdem meine sehr guten Freunde auf dem Markt, die herzensgute Mischels. Susanne Becker ist mir immer (kein Verhältnis zu mir) immer noch sehr böse auf mich. Wozu zu ihrem großen Kummer. (Sowie auch Ute Mischels wegen mir und dem Vogel Zeichen). Was an sich nichts zu sagen hat. Und Füßetrampeln. Ich bin schon ganz dem Weinen nahe und ich kann mich nicht beruhigen darüber. Ich würde mich mächtig darüber freuen. Das O. Schorschi und T. Annemarie Silvester 1995 und Neujahr 1996 wieder hier herkommen würden es ist für mich ein Herzenswunsch auch meiner Mama. Worüber wir uns schon mächtig freuen. 13:54 Uhr.*

Hier machte Dagmar eine Andeutung darüber, dass sie den Leuten auf dem Markt „einen Vogel gezeigt" hatte. Dagmars Mutter hält dies für sehr wahrscheinlich, da Dagmar auf diese Weise gern ihren Protest ausdrückte, wenn sie mit etwas nicht einverstanden war. Danach hatte sie wohl ein schlechtes Gewissen und glaubte, dass sie die Marktleute nun nicht mehr mochten. Dagmar steigerte sich in dramatischer Weise in dieses Gefühl hinein.

Ende des Jahres 1995 lieferte Dagmar noch eine zweite Version darüber, was damals auf dem Markt geschehen sein könnte:

> *30. Dez. (1995), 17:03*
> *wir waren heute vormittag noch zum Markt. (bis auf O. Schorschi u. T. Annemarie) ich hatte den Eindruck, dass Michels, Susanne Becker – Angst – vor ihnen hatte. 1994 vor einem Jahr als meine Mama 1994 so plötzlich umfiel. Seitdem mögen sie mich nicht mehr. Anschliessend waren wir noch ganz kurz hier.*

Dagmars Mutter kann sich nicht erklären, warum Dagmar dies in ihr Tagebuch geschrieben hat, denn sie sei niemals auf dem Markt in Ohnmacht gefallen. Sie schließt jedoch nicht aus, dass Dagmar selbst auf dem Markt umgekippt sein könnte. Dies passierte ihr mit zunehmendem Alter öfter. Wenn sie wieder zu sich kam und ihre nasse Hose bemerkte, fragte sie ihre Mutter immer wieder: „Mama, ist das schlimm?" Gerda B. konnte sie in diesen Situationen nur mit Mühe beruhigen. Möglicherweise schämte sich Dagmar wegen solch eines Vorfalls so sehr, dass sie sogar in ihrem Tagebuch ihrer Mutter die Ohnmacht zuschrieb.
Die Geschehnisse auf dem Markt beschäftigten Dagmar auch im neuen Jahr. Dabei sprach sie, wie so oft, den Tagebuchleser an. Sie ging davon aus, dass er auf dem gleichen Wissensstand war wie sie.

> *31. Januar (1996), Mittwoch, 18:48 Uhr*
> *Heute hatte auch ich wieder eine fantastische Betreuung meine heiß geliebte Tante Annie Liebenau. Die mich immer betreut hier. Sie liebe ich auch heiß und innig. Sie spielt mit mir Srcräbbel, Top Rummy. Was mir immer sehr viel Spaß macht. (Ich denke an so viele die das nicht haben.) Wer hat das schon. Ganz besonders Markt Michels die mit mir immer noch nicht noch ganz unzufrieden mit mir sind. Ihr wisst schon weswegen ich bin immer noch sehr fassungslos. Einmal müßen sie mir verzeihen ich tue nie mehr was.*
> *19:23 Uhr*

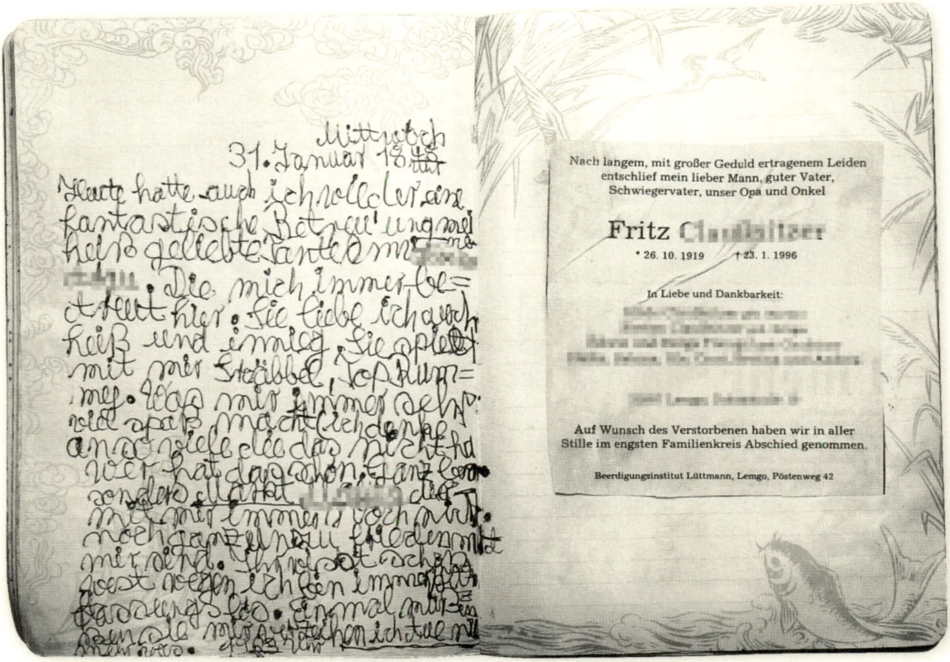

Mittwoch, 6. März (1996), 17:24 Uhr
Zum Thema Onkel Theo Michels: Mein großer Lieblingsonkel. Mein Trauerfall liegt auf dem Markt weil mich keiner mehr begrüßt. Zum Hauptgrund Susanne Becker. Stell dir vor Elli Daum ist seitdem auch wieder dort auf unserem Markt. Sie hat mich auch wieder begrüßt.

Die Häufigkeit und Intensität der Einträge über ihre Marktbesuche machen betroffen. Aus der großen Liebe zum Markt wurde ein Alptraum. Warum sie ihren Kummer weder ihrer Mutter noch jemand anderem anvertraute, bleibt unverständlich. Als Gerda B. von diesen Ängsten durch meine Zusammenfassung der Tagebücher ihrer Tochter erfuhr, ließ ihr das keine Ruhe. Sie erkundigte sich bei Anni Liebenau, ob sie etwas darüber wüsste und bekam als mögliche Erklärung Folgendes erzählt: Dagmar hatte alle Bekannten auf dem Markt zu ihrem Geburtstag eingeladen. Die Marktleute bedankten sich freundlich für die Einladung, mussten Dagmar aber leider absagen, weil sie ja tagsüber auf dem Markt standen. Dagmar war darüber so enttäuscht, dass sie ihnen wütend „einen Vogel zeigte" und mit den Füßen aufstampfte. Sie war außer sich vor Enttäuschung. Dies hatte die Marktleute so verunsichert, dass sie sich seitdem tatsächlich von Dagmar distanzierten. Welche Sorgen sie damit bei ihr auslösten, war ihnen sicher nicht bewusst.

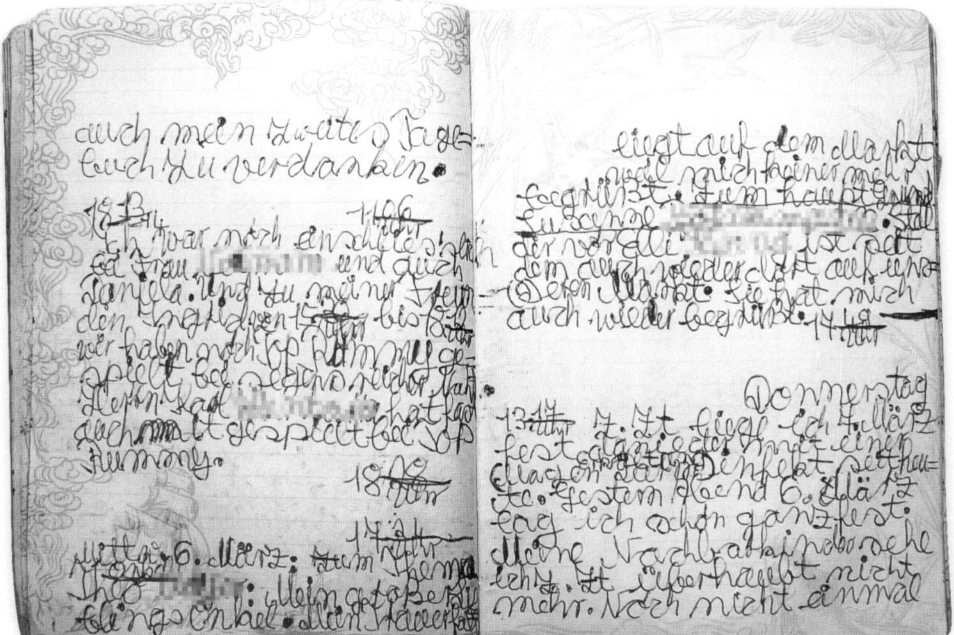

DAGMAR MACHTE SICH GEDANKEN ÜBER EIN LEBEN IM HEIM

Dagmars Stimmung blieb aus vielen Gründen sehr bedrückt. Ihre Schulkameradin Dorle Schnurr kam in ein Heim für Behinderte, nachdem ihre Mutter gestorben war. Das schlechte Aussehen der Mutter ihrer Freundin hatte Dagmar schon Ende 1995 erschüttert:

> *Mittwoch 2. Nov. (1995)*
> *15:25 Uhr sind Mama und ich sowie Christa Masuren um 16:35 Uhr nach Lage gefahren zu Frau Schnurr und Dorle. Berichten kann ich dazu nichts. Geisteskranke Menschen. So ganz mies sah Fr. Schnurr aus, so habe ich sie noch nicht gesehen oder mit erlebt. 18:35 Uhr waren wir wieder hier. Herr Schnurr rief uns um kurz vor 21:00 Uhr hier noch einmal an.*
> *14:13 Uhr.*

Dorle besuchte gemeinsam mit Dagmar die Sonderschule in Eben Ezer. Die beiden Mädchen waren befreundet. Da Dorles Mutter wohl unerwartet früh starb, konnte Dorle nicht wie geplant in dem Heim in Eben Ezer untergebracht werden, wo sie eigentlich angemeldet war. Dagmar war untröstlich und dachte darüber nach, dass es ihr auch einmal so ergehen könnte.

> *Mittwoch,*
> *17. Jan. (1996), 17:44*
> *Zu 9:00 Uhr ist meine liebste Freundin Frau Liebenau zu mir gekommen. Auch meine Schulfreundin Dorle Schnurr aus der Wohnstätte „Rosenweg 3". Die wohnt z.Zt. auch mit dort seit 3. Jan. 96 fast zwei einhalb Wochen. Wer weiß wie lange sie es noch dort aushält wie andere Jugendliche.*
> *Es ist nur so urplötzlich das ich zufällig nicht auch dahin muß (und mich nicht unterbringen kann). Und ich möchte auch nicht das ich dort hin muß auch und ich möchte auch nicht. In meinen*

ganzen Leben. Dafür sorgen meine heiß geliebte Mama, sondern auch mein heißgeliebter Bruder Elmar. In weiter Ferne in Bonn. Sondern auch die Schwestern meines Vaters, die im = E.N.N.R.K. wohnt in Minden. (Sie war auch einmal Fürsorgerin) dort. Die ich auch heiß und innig liebe. Wir habe auch hier Mensch ärgere dich nicht gespielt und sondern auch einen wunderschönen Spaziergang auch gemacht. Dorle fuhr um 12:00 wieder ins Wohnheim zurück.

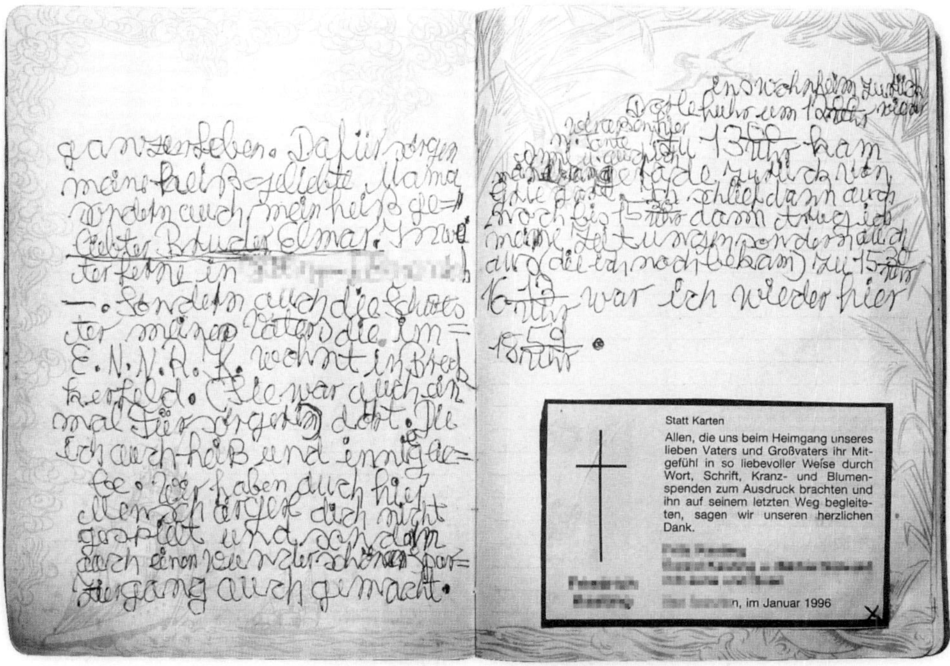

Einen Monat später begegnete Dagmar ihrer Schulfreundin Dorle erneut auf einem Geburtstag. Wieder ein Anlass, ihren Kummer über den Heimaufenthalt ihrer Freundin zu äußern.

Donnerstag,
22. Feb. (1996), 14:52 Uhr
Gestern 21. Febr. hat Frau Schnurr ihren 86. Geburtstag der heute in klein nachgefeiert wird. Mit Elisabeth Huber geb. Schnurr aus der U.S.A., sowie Brenda Huber ihrer Tochter. (Heidi Huber), Wilhelm Schnurr der Sohn statt dessen seines Vaters der bettlägerig ist (und im Rollstuhl sitzt seit letzten Jahres Sept., Okt., November, Dezember 1995). Sowie auch Angelika Gromm die in Schwerte wohnt. Und auch Johanna (Ganser) Schnurr die leider nicht mehr lebt. Sowie auch Ruthild die allerjüngste. Dorothea Schnurr jetzige Dorle meine Schulfreundin die seitdem als Notfall auch im Wohnheim, Rosenweg wohnt worüber ich sehr, sehr traurig darüber bin. Wenn das ihre Lehrerin Ina Mattes wüßte. Sie würde genau wie ich sehr traurig darüber werden. 16:20 Uhr
Es ist nur so schade das Tante Hildegard sowie auch Onkel Werner und Martina das noch nicht wüßten. Die würden nur noch schmerzlich weinen. 16:28 Uhr

EIN FAIBLE FÜR GEDICHTE

Mit dem Frühjahr hellte sich Dagmars Gemütszustand auf. Sie schrieb wieder ein Gedicht in ihr Tagebuch, das sie von ihrer Mutter gehört hatte. Dagmar glänzte bei vielen Veranstaltungen mit dem Aufsagen von Gedichten. Gerda B. erzählt, dass Dagmar eine große Vorliebe für Gedichte hatte und sie auch sehr schnell auswendig lernen konnte. Oft gab sie ihr nur das Buch, in dem das Gedicht stand, damit Dagmar es dann selbstständig lernen konnte.

Ihr Lieblingsgedicht nahm Dagmar gerne ins Tagebuch auf.

31. März (1996), Sonntag, 14:39/40

Der Winter ist vergangen
Ich seh des Maien Schein,
ich seh die Blümlein prangen,
des ist mein Herz erfreut.
So fern in jenem Tale da ist gar lustig sein
Da singt die Nachtigalle und manch Waldvögelein.

Ich geh ein Mai zu hauen
Hindurch das grüne Gras
Schenk meinem Buhl die Treue
Die mir die Liebsten war.

Und bitt daß sie mal kommen
all vor dem Fenster stahn
empfanden Mai mit Blumen
er ist gar wohlgetan.
15:58 Uhr

Eines ihrer Lieblingsgedichte zum Pfingstfest:

Donnerstag 23. Mai (1996), 14:00 Uhr

Pfingsten, das lieblich Fest war gekommen.
Es grünten und blühten Feld und Wald,
auf Hügeln und Höhn,
in Büschen und Hecken
Übten ein fröhliches Lied
Die neu ermunterten Vögel;
Jede Wiese sproßte vor Blumen in duftenden Gründen
Festlich heiter glänzte der Himmel und farblich die Erde. 14:54
Johann Wolfgang von Goethe

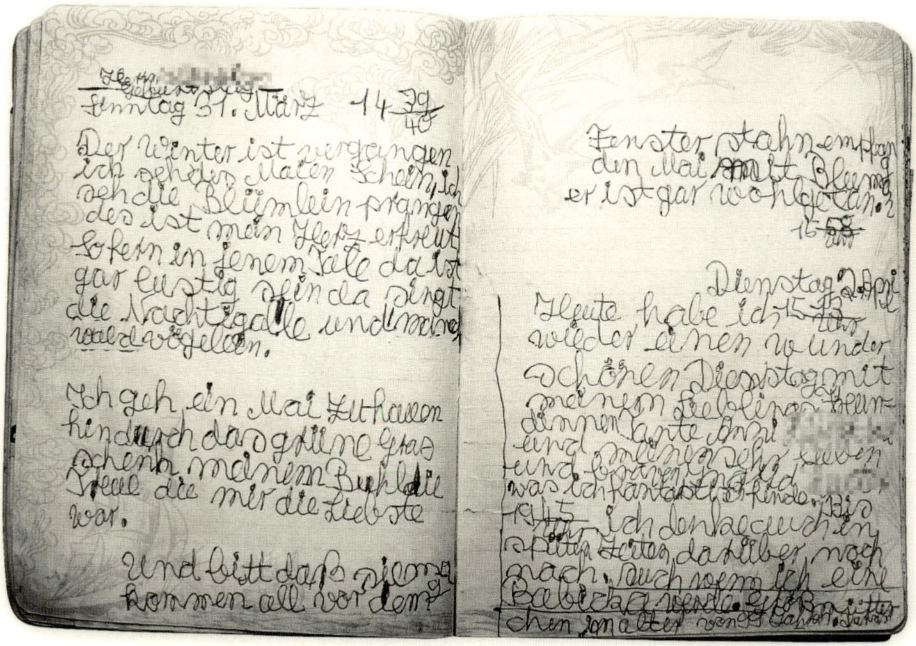

Dagmar las viel und kannte einige Dichter und Denker. Dies verschaffte ihr bei Menschen ohne Behinderung viel Anerkennung. Im Behindertenkreis stieß Dagmar mit ihrem literarischen Wissen nicht immer auf Interesse. Einige Mitglieder der Behindertengruppen hielten Dagmar für eine Angeberin und sagten es ihr auch. Dagmar war darüber sehr traurig.

DAGMARS KUMMER MIT DEM WOCHENMARKT GING WEITER

Der Markt ließ Dagmar auch in dieser Zeit keine Ruhe:

> *21. Mai (1996), Dienstag*
> *Morgens waren wir noch auf dem Markt. Für mich war es wieder innerlich sehr schmerzlich und zu vergessen. Zu 11:00 Uhr mußte ich z.Zt. wieder Aderlaß machen lassen. Das war für mich wieder sehr schmerzlich. Waren wir wieder zu Hause pausenlos Unterhaltung.*

Dagmars Mutter wundert sich darüber, dass Dagmar in ihrem Tagebuch den Aderlass als schmerzvoll beschrieb. Sie war bei den Untersuchungen ihrer Tochter dabei und hatte nie den Eindruck, dass der Aderlass ihr Schmerzen bereitete. Vielleicht haben die schrecklichen Gedanken an den Markt alles andere überschattet.
Aber Dagmar ließ sich nicht unterkriegen. Ihr fröhliches Gemüt gewann immer wieder die Oberhand.

zu vergessen. Zu 11:00 mußte
ich z.Zt. wieder Aderlaß machen
lassen. Das war für mich wie-
der sehr schmerzlich. Waren wir wieder
zu Hause pausenlos unterhaltung.
[redacted] Mittwoch 22. Mai

PFINGSTEN 1996

Zu Pfingsten glätteten sich die Wogen und Dagmar sah die Welt wieder optimistischer.

Samstag, 25. Mai (1996), 18:21 Uhr
Man merkt das festlich heiter glänzt der Himmel und farbig die Erde. Bei dunkeln und strömendem Regen. Außerdem müßen wir beide bei unseren Nachbarn das Haus hüten – weil die eine Rundreise (um Golf zu spielen nach Velden zum Wörthersee reisen müßen bis zum 2. Juni richtet sich nach dem Wetter). Die reisen u. wir und wir (Radler) haben die Arbeit. Ich plane noch gar nichts was ich über Pfingsten mache ich erhole mich von meinen Unarten.
Vom 19. Mai bis zum 7. Juni ist Tante Trude in Grafschaft Schmallenberg um sich zu erholen. Mit Elisabeth Koch. Meine Lieblingsfreundin ist z.Zt. vom 19. Mai bis zum 26. Mai auf Baltrum meine allerliebste Tante Annie Liebenau. 19:25 Uhr.
Heute waren alle Mischels wieder zu mir noch viel netter als sonst und das will was heißen. Sowas gibt es ganz selten – stimmt auch. Das werde ich auch weitererzählen z.B. Frau Liebenau (Bis auf Becker und Ute Mischels).

2. Pfingsttag, Montag 27. Mai (1996), 17:48 Uhr
Auch ganz in Ruhe verbracht heute morgen ist Tante Hilde mit Sohn Wolfhardt hier wieder aufgekreuzt. Die beiden waren heute morgen zum Mittagsmahl im Haus Hotel Winkler. Bis auf uns weil Mama nicht wollte. Nach unserem vorzüglichen Mittagsmahl haben wir uns beide ins Bett gelegt. Seit dem geht es mit uns beiden recht zufrieden gut hier. Dann habe ich meinen ersehnten Brief zustande gebracht. Nun ist es schon wieder 18:35 Uhr in drei Minuten. Wer weiß, was sonst noch zu uns kommt.
Hoffentlich muß ich nun heute oder in den nächsten Tagen nicht wieder in die Badewanne eilen.
18:39 Uhr

Dagmar konnte sich alleine waschen und anziehen. Doch große Lust hatte sie nie dazu. Ihre Mutter erzählt, dass Dagmar alle möglichen Tricks anwandte, um sich nicht waschen zu müssen. So hielt sie den Waschlappen unter den Wasserhahn und behauptete anschließend, sich damit gewaschen zu haben. Als Beweis zeigte sie den nassen Waschlappen. Dabei hatte sie jedoch nicht an das trockene Handtuch gedacht, das ihrer Mutter sofort auffiel. Um das Problem zu umgehen, ließ Gerda B. ihre Tochter baden. Zwar mochte sie zunächst auch nicht in die Badewanne steigen, aber dann gefiel es ihr so gut, dass sie gar nicht mehr aus dem Wasser wollte. Trotzdem war Dagmar froh, wenn sich der Kontakt mit Wasser vermeiden ließ. Einmal war sie für drei Tage zu Besuch bei Verwandten in Gaggenau. Als sie später von ihrer Mutter gefragt wurde, ob sie sich dort denn auch gewaschen habe, antwortete Dagmar wahrheitsgemäß: „Nein, davon hat keiner was gesagt!"

DAGMARS BEZIEHUNG ZU IHREM BRUDER

Zu ihrem Bruder verband Dagmar eine ganz innige Beziehung. Gerda B. erzählt, dass Elmar ihr eine große Stütze war. Er half ihr, wenn Dagmar als Kleinkind nicht essen wollte. Er lenkte seine kleine Schwester mit seinen theatralischen Vorführungen so gut ab, dass sie gar nicht merkte, wie sie dabei gefüttert wurde. Er spielte mit Dagmar und passte gerne auf sie auf. Sein gesamter Freundeskreis wurde von ihm in die Betreuung und Unterhaltung seiner behinderten Schwester eingebunden. Er setzte seine Dagmi in den Handkarren und zog sie hinter sich kreuz und quer durch die Stadt. Dagmar jauchzte dabei vor Vergnügen. Als Elmar von zu Hause auszog, vermisste sie ihn sehr und zählte die Tage, an denen ihr Bruder zu Besuch kam:

Sonntag, 2. Juni (1996)
war Elmar auch noch mit hier
12:58 Uhr. Haben wir Samstag 1. Juni und Sonntag 2. Juni mit
50 Jahren hatten wir Besuch von meinem Bruder Elmar der auch

einmal für uns auch Zeit hat er kommt viel zu selten. Um uns zu besuchen. Wir sehen ihn viel zu selten einmal. Wir sehen ihn zuletzt am 29. Dezember 1995. Sowie auch am 26. Dezember. Da waren wir mit Messmers 14:26 Uhr Abfahrt nach Hannover. Und zuletzt am 10. Dezember zum 81. Geburtstag Tante Trudes. Zwei wunderschöne Tage.

Schlägt man diese Tage in Dagmars Tagebuch nach, so kann man die Besuche ihres Bruders nachlesen.
Zum Beispiel:

Sonntag, 10. Dezember (1995), 9:30 Uhr
Fahren wir gemeinsam 10:11 Uhr mit meinem Bruder Elmar nach Minden zum 81. Geburtstag unserer Tante Trude. Um 11:00 waren wir in Hagen. Elmar abzuholen. Elmar fuhr uns beiden nach Minden. Mittags gab es für mich Klöße von ungeheurer Größe. Einschließlich kurz danach Kaffee trinken. 16:16 Uhr fuhren wir wieder ab heimwärts. Mein Bruder nach Bonn 17:30 Uhr wir nach Bad Pyrmont und waren um 17:45 Uhr wieder hier.

1996
DER SPUK AUF DEM MARKT HIELT AN

Im Sommer berichtete Dagmar wieder von bedrückenden Erlebnissen auf dem Markt, die sie Tante Anni auf keinen Fall berichten mochte:

Samstag 20. Juli (1996)
Heute vormittag zu 10:00 Uhr sind wir zum Markt gefahren. Für mich war es wie immer. Freuen kann ich mich nicht mehr. Jedesmal werde ich nur angeblafft. Von dieser unmöglichen Person. Das lass ich mir nicht verbieten. (Das werde ich nie weiter erzählen an meine Betreuung Tante Annie Liebenau). Das ist für mich so untröstlich. Mir ist das schon dem Weinen nahe.

Dienstag 23. Juli (1996), 16:42
Heute vormittag waren wir wieder auf dem Markt. Wieder einen stummen Schrei in Susanne Beckers Lippen. Als sie mich wieder sah. Mit meinem Eis. Anschließend sind wir auch noch nach Bad Oeynhausen, Wüstenstraße 4 zu Christa Masuren. Schlimmer wird's nicht-. Doris Mischels war noch schlimmer in ihrer „Auf der Höhe".

Die letzten beiden Sätze sind nur mit einer kleinen Anmerkung verständlich. Dagmar war ein sehr ordentlicher Mensch. Sie räumte immer alle Dinge an die Stelle, an die sie gehörten. Ihre Mutter ärgerte sich oft darüber, weil Dagmar ihr auch die Sachen, die sie sich gerade zurechtgelegt hatte, in einem unbeobachteten Moment wegräumte. Die Wohnungen von Christa Masuren und Doris Mischels entsprachen jedenfalls nicht Dagmars Ordnungssinn. „Gott sei Dank muss ich dort nicht leben!", meinte sie zu ihrer Mutter, nachdem sie die beiden Frauen zu Hause besucht hatte. Dagmars Sinn für Ordnung spricht auch wieder dafür, dass sie überall dort ihr Leben regeln wollte, wo es nur ging.

Ihr 43. Geburtstag war wieder ein großes, erfreuliches Ereignis in Dagmars Leben:

Mittw.,
23 Okt. (1996), 17:11 Uhr
Fünf Tage später: vom 18. Oktober entfernt. In der Zeit bin ich 43 Jahre auch geworden. Mit fantastischen und zahlreichen Gästen. Früheren Nachbarkind Gundula Tillmann und Söhnchen Sebastian, meine innig geliebte Ingrid mit Enkelin Desiree (und die zahlreichen Spritzkuchen, die auch dazu gehören). Auch Tante Anni backte mir eine Zitronensahnetorte. Und da war ich total hin gerissen davon. Die war so fantastisch. So das alle Gäste das Rezept möchten. Vor meinem eigentl. Geburtstag kam nun auch meine Christa Masuren. So was gibt es ganz selten. Statt meine Freundin Annegret Scheider (Annegret Breuer) Edith Breuer vorläufig (ständig auf der Flucht oder auf Reisen). Stellt euch auch vor mein herzguter Kumpel auch aus Herford Wolfgang Rath ist auch gekommen. Sowie mein Bruders Schulfreund Rolf Winklers mit seinen Eltern. Sogar auch Tante Trude aus Minden. Und auch Sonja (Frau Rings Enkelin). Und mein super Freund Heiner. Sowie auch Tante Christel ganz fantastisch war es auch zu morgens 8:00 Uhr wo Schlichter und Krause auch noch mit hier waren nicht als Gast. Sondern auch einen Baum fällten.

Dagmar freute sich über jeden Geburtstagsgast und versuchte keinen in ihrer Aufzählung zu vergessen – was auch wiederum ihrem Ordnungssinn entsprach. Allerdings erzählt Dagmars Mutter, dass ihre Tochter nicht sehr gut rechnen konnte. Das Schreiben lag ihr deutlich mehr als der Umgang mit Zahlen. Dagmar hatte auch diese Schwäche früh erkannt und sich schon als kleines Mädchen zur Verblüffung aller einen Taschenrechner von ihrem Bruder gewünscht. Zu dieser Zeit kamen die Taschenrechner gerade erst auf.

DAGMARS MUTTER WURDE OPERIERT

Im November 1996 bekam Dagmars Mutter ein neues Hüftgelenk eingesetzt. Dagmar erwähnte diese große Operation auch in ihrem Tagebuch:

Dienstag, 12:09 Uhr
12. November (1996)
Seit dem 4. November liegt meine Mama in Schwerte im Krankenhaus. Eine fantastische Hüftoperation sehr normal verlaufen. Ab nächstes Wochenende den 26. November geht meine Mama in die Rehabilitation-Lietholzstr. 31 Klinik Lietholzstr.

Dagmar musste wochenlang von ihren Betreuerinnen versorgt werden. Im neuen Jahr 1997 bedankte sie sich im Tagebuch bei allen Menschen, die sich in der Zeit, als ihre Mutter krank war, um sie gekümmert hatten:

Mittwo. 5. Febr. (1997)
Und auch meine Freundin Helena Goletz. Meine sehr lieben Betreuerinnen.
Euch allen ein friedliches Weihnachtsfest und auch ein gesundes zufriedenes gutes neues Jahr 1997. Allen die mich und meine Arbeitskolleginnen so treu bemuttert haben. Unseren Herzlichen Dank. Auch im Namen meiner Mama – Unserer Ingrid und auch Tante Hilde, Tante Anni und Tante Christel, sowie auch Elisabeth Radler und Edith sogar. Ich und gelegentlich Irene Desko für meine selbst genähten Kleidungen. Und auch gelegentlich sowie das Wolfhard Rath hier wieder Schnee schippt im Januar oder Februar. Das wünsche ich mir für das kommende Jahr 1997. Die mich bemuttert hat hier ist auch ganz fantastische Betreuerin aus Neu Ulm (so ein ziemlicher Neu Ulmer Spatz). Für alles hier zuständig statt meiner Mama vom 4. November bis zum 17. Dezember, die im Schwerteer Krankenhaus lag und in der Rehabilitation Zentrum war.
19:04 Uhr

WORÜBER SICH DAGMAR AUFREGTE

Dagmar schrieb auch ihre Wut und Enttäuschung ins Tagebuch. Zum Beispiel dann, wenn ihrer Mutter nicht geholfen wurde:

> *Freitag,*
> *26. Jan. (1996), 11:55 Uhr*
> *Wir haben z.Zt. eine feste und ganz doppelte Menge Schnee hier zu liegen (keine Nachbaren) helfen uns hier alles muß meine Mama hier allein machen. Peter od. Michael hätten uns geholfen od. auch Rudolf und Erika. Die anderen sind alle Blödhammel sogar Willi u. Ruth. Die anderen sind alle zu vergessen. Unsere neuen Nachbarn sind alle zu vergessen. 19:24 Uhr*

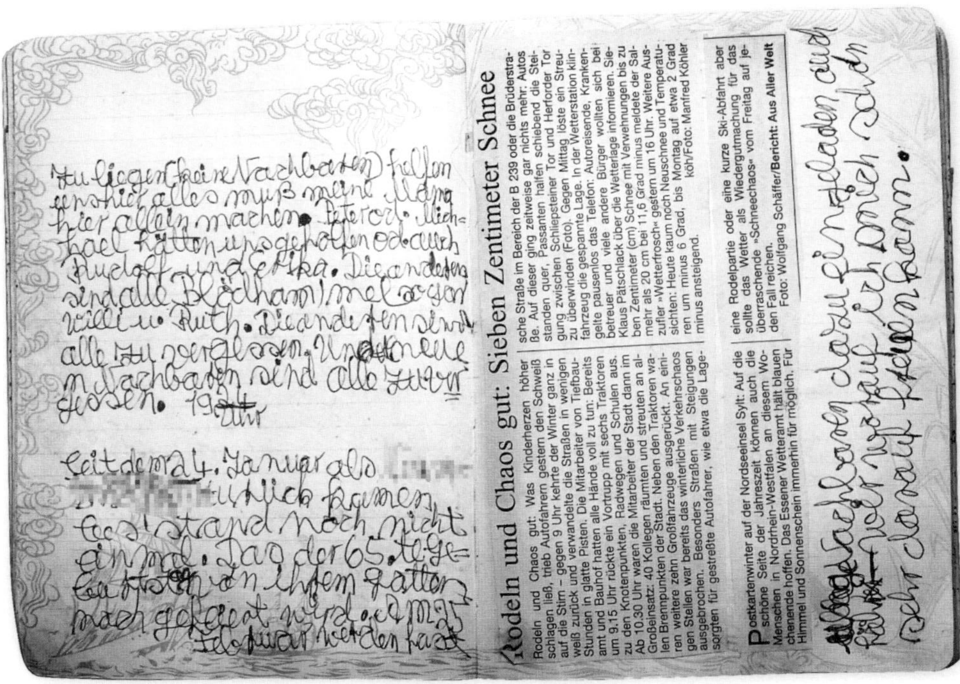

Oder wenn sie jemand bei ihrer Lieblingssendung im Radio zu stören drohte:

Donnerstag
16. Mai (1996), 12:43
Was darf es sein meine Hörerwünsche an den hänge ich sehr, da darf mich keiner stören. Nicht einmal meine Arbeitskollegin. Sonst kratze ich ihr die Augen aus.

Dagmar ärgerte sich sehr, wenn sie jemand einfach übersah:

18:59 Donnerstag,
6. Febr. 1997
Zu 12:00 Uhr waren Mama und ich vorher auch in Herford – Sparkasse - waren und Mama und auch ich in Bad Pyrmont noch zum besorgen. Bei Kerstin Linse. Und haben noch eingekauft. Und in Herford bei Plus und im Marktkauf(haus). Wen treff ich rein zufällig Ute Mischels. Ich habe sie begrüßt. Leider habe ich gar keine Antwort darauf bekommen von dieser unmöglichen Dame. Das werde ich mir merken. Das werde ich mir merken.

Und so verschaffte sie sich Luft, wenn sie jemanden nicht leiden konnte:

So stelle ich mir vor wie du unter tauchst im Main
(Christine Tenner)

DAGMARS HUMOR

Manchmal ließ sich Dagmar lustige Reime einfallen, um ihre Mitmenschen zu verulken:

Sonnt.,
23. Febr. 14:00Uhr
Soraja ist ein Freßsack
Dagmar ist Freßsack über dies ein Drecksack.
Tante Hildegard und Mama sind je ein Schlafsack.
Schnaps das ist ihr letztes Wort, dann trugen sie die Englein fort.
Tante Trude ist ein Reisesack.
Monika Fleischer ist ein Stenckersack.
Und mein Bruder Elmar ist ein Lehrsack.

Humor ist eine Eigenschaft, die bei Menschen mit Down-Syndrom oft besonders stark ausgeprägt ist, was auch der Arzt John Langdon Down über seine Patienten schrieb. In Dagmars Tagebuchtexten kamen immer wieder humoristische Formulierungen vor. Sie waren Ausdruck ihrer Lebensfreude, die sie sich durch nichts nehmen ließ.

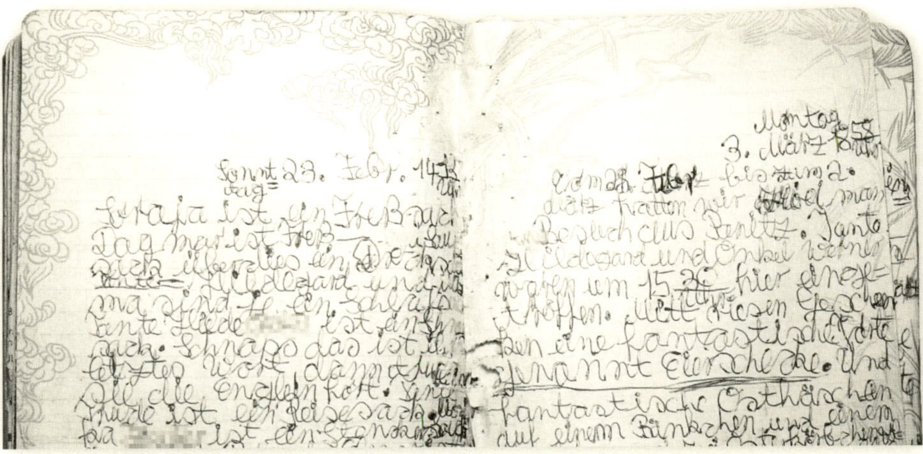

Draußen mäht einer den Rasen. Di
~~Kleinen~~ toben draußen. Ich bin n
allein in der Wohnung. Ich habe abg
trocknet von heut Mittag (130 Zei
[redacted] ! rechte seite,
D. [redacted]
seite 130 738 kleine Satzzeichen)

<u>Meine neue Brille</u>

Hoffendlich erkennt mich kei
mehr mit dem großen Zeiche
auf der Nase. Dr. med Mark
[redacted] geht heute zu Ende. Inzw
ist es sehr dunkel geworden un
die Straßenlaternen brennen.

<u>Helgolandsspruch</u>

Grün ist das Land
blau ist die Kant
weiß ist der Sand
das sind die Farben
von Helgoland.

Zum Wochenende bekommen wi
noch Besuch davon bericht
am 5. und 6. Oktober 197

Reiten fällt im Winter aus bei
wir bei [redacted] zu Hölsen. In
diesem Jahr wird es nichts mehr
mit Reiten.)
Papa ist eben mit dem Auto
wieder gekommen. Tante Traude
hat eben angerufen das sie heute
und Morgen nicht mehr kom-
mt zu uns. Erst Samstag wieder.
Nun sieht Papa Fernsehen.

5. Oktober

Tante Traude und Frl. [redacted]
haben mich ab geholt und
wir fahren nach Levern
zu Tante Erika. Wir sind auf
dem Friedhof von Frau [redacted]

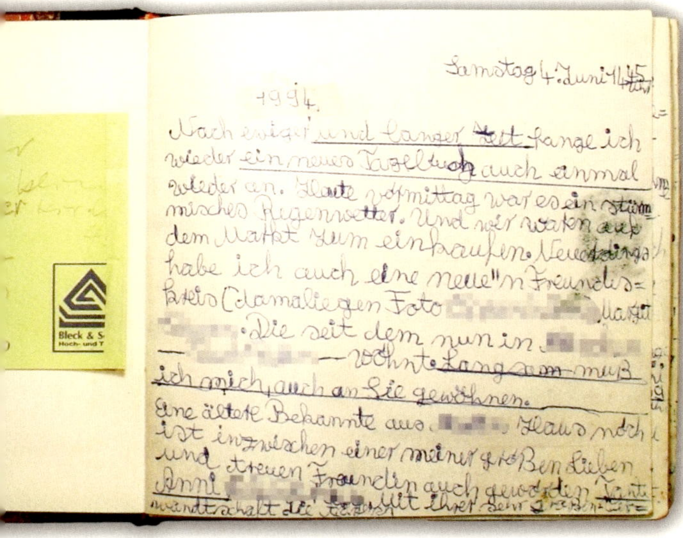

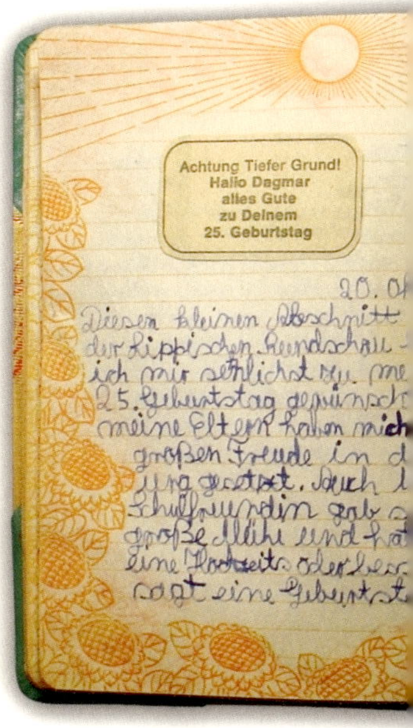
Achtung Tiefer Grund!
Hallo Dagmar
alles Gute
zu Deinem
25. Geburtstag

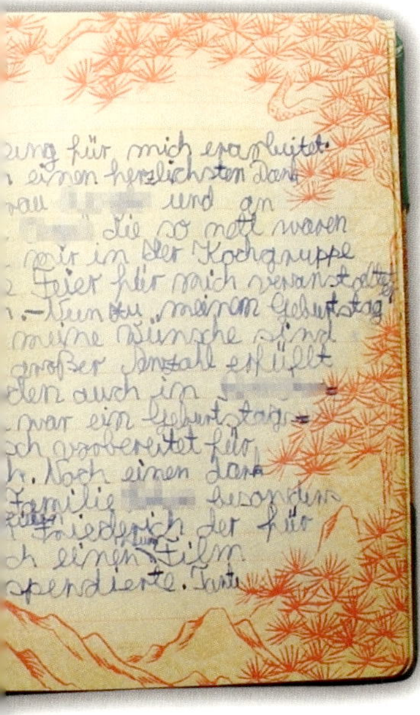
rung für mich erarbeitet.
n einen herzlichsten Dank
rau [redacted] und an
[redacted] die so nett waren
wir in der Kochgruppe
e Feier für mich veranstaltet
n.– Denn zu meinem Geburtstag
meine Wünsche sind
großer Anzahl erfüllt
den auch in [redacted]
war ein Geburtstags-
ch vorbereitet für
h. Noch einen Dank
Familie [redacted] besonders
Friedrich der für
h einen Film
spendierte. Tante

4711

[M]ensch ärgere dich nicht gespielt. Ein paar Minuten später kam Angelika und ihre Klassenkameradin hinter die Tür. Sie bei Karin wohnt. Wir haben uns schnell angefreundet wir schreiben uns auch miteinander. Monopoli haben wir auch gespielt und Ketten aufgezogen. Wir haben Benno Dillwer und Glück gehört. Um ... holte mich Mama wieder ab. Papa und ich haben einen Krimi gesehen.
18.10.1974
Heute ist entlich mein 14. Geburtstag ich war schon sehr aufgeregt vorher. Ich war heute
Donnersta[g]
12. Ja[n]
Ist die ganz kleine [redacted] einer ganz schweren Erkrankung Leukämie plötzlich verstorben. Es ist (—) sch[wer] zu fassen für die Eltern, auch für Mam[a]. Beate ist meine aller liebste Fre[undin] von früher. Von klein auf. Und ... Stunden mit ihr und die wunder[schönen] (—) Spielstunden die wir ... mit einander hatten. In mir ist [das] große Weinen ausgebrochen und [ich] kann mich nicht beruhigen.
Es tut mir so leid (—) Und ... ist so schmerzlich. Nicht nur für mich. Für die ganze Familie.
In dir [redacted] 19..

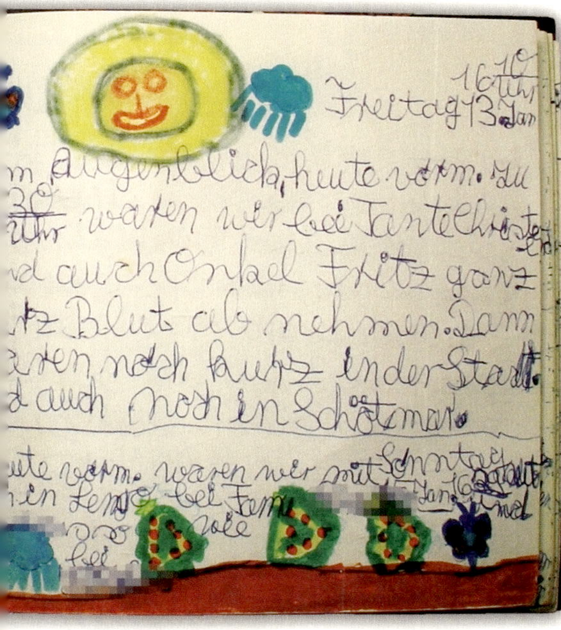
16 10 Uhr
Freitag 13. Jan
m Augenblick, heute vorm. zu
30 Uhr waren wir bei Tante Christel
d auch Onkel Fritz ganz
rz Blut ab nehmen. Dann
aren noch kurz in der Stadt.
d auch noch in Schötmar.

Sonntag 15. Jan 16 Uhr
ute vorm. waren wir mit [redacted]
n in Lemgo bei Fam. [redacted]
[redacted] tolle
bei [redacted]

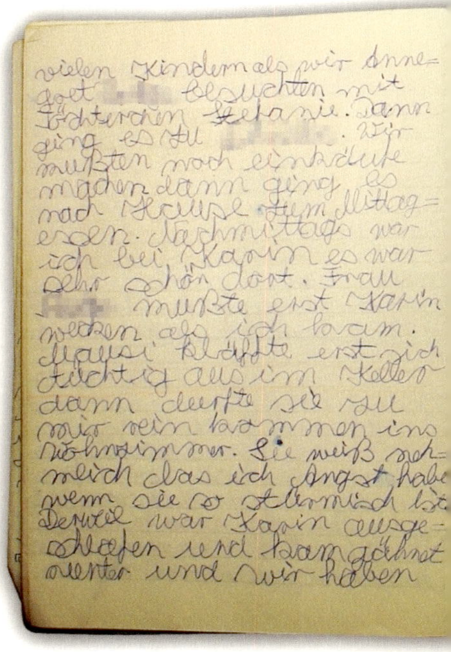
vielen Kindern als wir Anne=
gret [redacted] besuchten mit
Töchterchen Stefanie. Dann
ging es zu [redacted]. Wir
mußten noch einkaufe
machen dann ging es
nach Hause zum Mittag=
essen. Nachmittags war
ich bei Karin es war
sehr schön dort. Frau
[redacted] mußte erst Karin
wecken als ich kam.
Mausi kläffte erst sich
tüchtig aus im Keller
dann durfte sie zu
mir rein kommen ins
Wohnzimmer. Sie weiß neh=
mlich das ich Angst habe
wenn sie so stürmisch ist.
Derweil war Karin ausge=
schlafen und kam gähnt
unter und wir haben

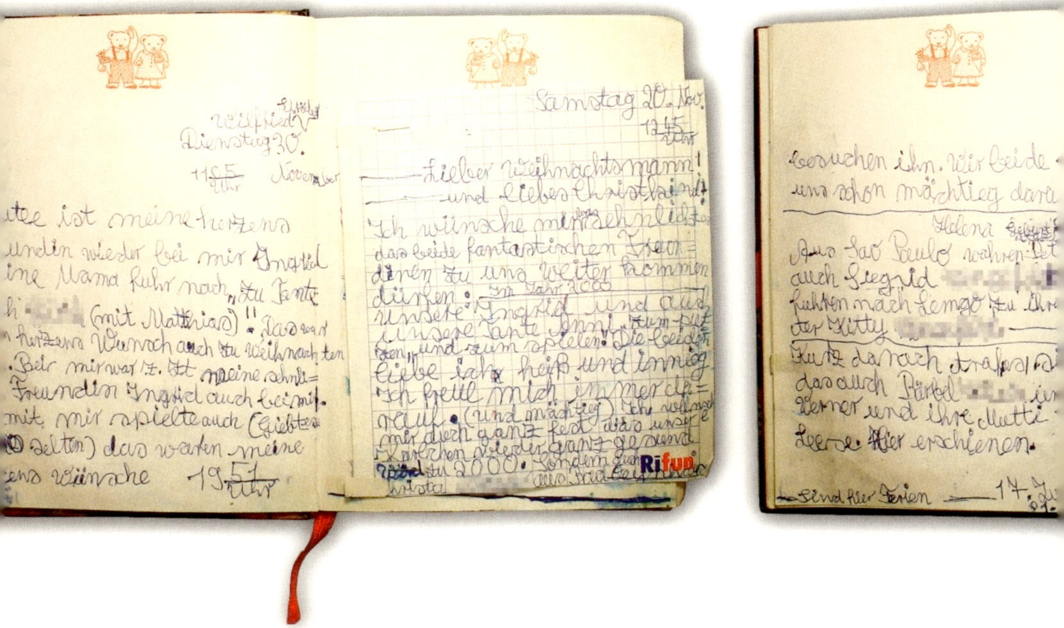
Samstag 20. Nov.
Lieber Weihnachtsmann!
und liebes Christkind!
Rifun

Deutschland haben
bis zum 1. September
Reinhard
10. Januar
49

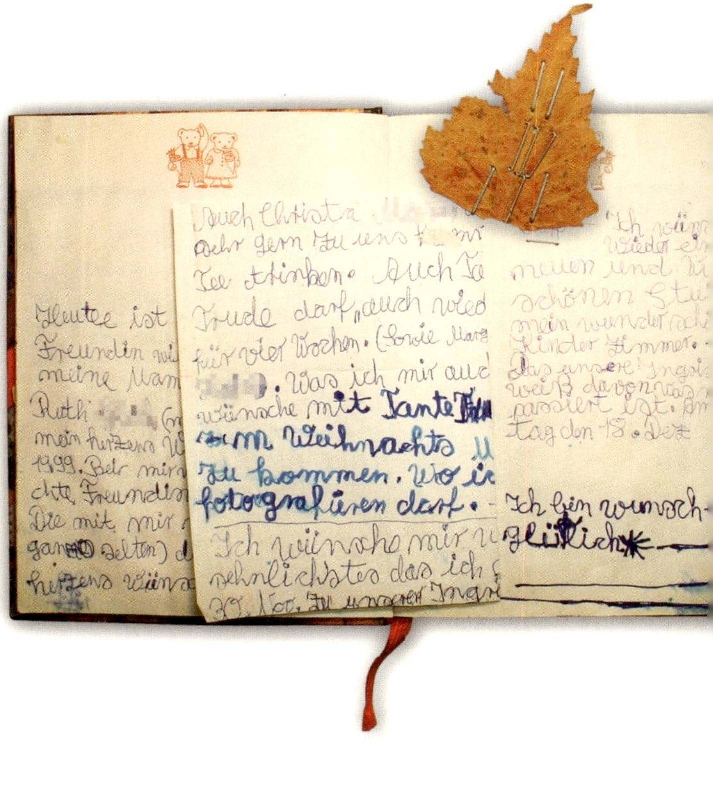
Auch Christa
Tee trinken.
für vier Wochen.
Was ich mir auch
wünsche mit Tante
zum Weihnachts
zu kommen.
fotografieren darf.
Ich wünsche mir
sehnlichstes das ich
Heute ist
Freundin
meine Mam
Ruth
Ich bin wunsch-
glücklich

(v.l.n.r.) Dagmar im Garten und mit ihrer Mutter, bei der sie zeitlebens wohnte

Tiere mochte sie ganz besonders gern, Dagmar mit der Autorin Petra

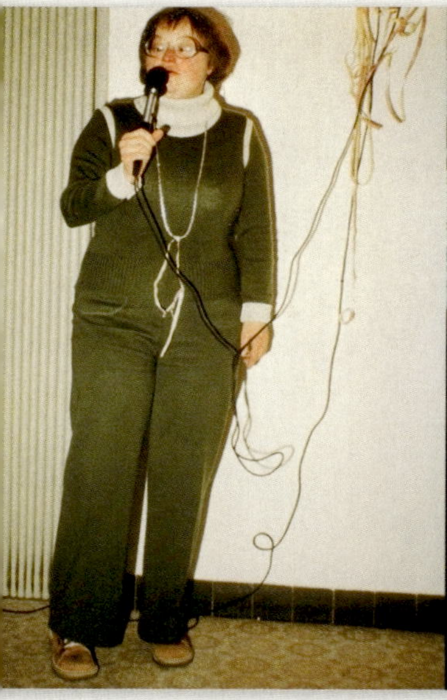

(v.l.n.r.) Dagmar sagt im Kreise der Behinderten ein Gedicht auf, mit Volksschauspieler Willy Millowitsch

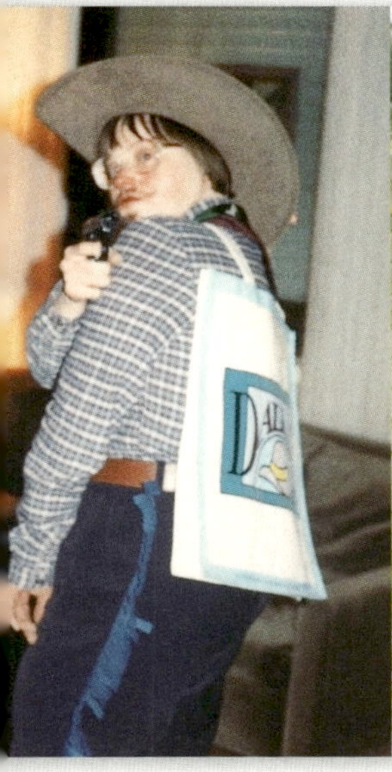

Dagmar war ein großer Fan der Fernsehserie Dallas, ihr Bruder schenkte ihr einen echten J.R.-Ewing-Hut

1997
DAGMARS ANGSTZUSTÄNDE WEITETEN SICH AUS

Die Erlebnisse auf dem Markt, über die Dagmar mit niemandem sprach, machten ihr über Jahre immer wieder Angst. Diese Angstzustände lösten nun auch andere Menschen bei ihr aus. Merkwürdigerweise fürchtete sich Dagmar plötzlich vor ihrer bis dahin so sehr geliebten Betreuerin.

> *Dienstag,*
> *11. März (1997), 19:49Uhr*
> *Vor dem 12. März ängstige ich mich schon mächtig vor meiner Spielkameradin Tante Anni. Wo wir beide zusammen spielen jeden Mittwoch. Nur wegen eines Fehlers – Klopfzeichen auf meiner Stirn. Nur wegen eines Spielkameraden Arnd Meurer, der nun auch als 2jähriger von Tante Anni auch betreut worden ist. Vor der ängstige ich mich schon traurig genug für mich ich bin auch ein dämlicher Esel. Schlimmer wird's wohl nicht mit mir.*

Auch hier hat Dagmar ihrer Betreuerin, wie damals den Leuten auf dem Markt, „einen Vogel gezeigt". Ihr war bewusst, dass man das nicht tun sollte, und sie hatte später ein schlechtes Gewissen. Deshalb glaubte Dagmar, dass die anderen Menschen danach sehr böse auf sie waren.

DAGMAR PLANTE IHRE BEERDIGUNG

Gerda B. erinnert sich an folgendes Gespräch mit ihrer Tochter:

Gerda B.: Was schreibst du denn da, Dagmar?
Dagmar: Über meine Beerdigung!
Gerda B.: Über deine Beerdigung?
Dagmar: (vergnügt) Ja, wer alles kommen soll und wer nicht. Was es zu essen geben soll und welche Lieder gespielt werden sollen. Das wird ein schönes Fest! Ich freue mich ja so!

Gerda B.: Aber du kannst es doch gar nicht mitfeiern. Du bist ja dann tot!
Dagmar: Das macht nichts, Mama! Ich freue mich trotzdem!

Und dies hatte Dagmar aufgeschrieben:

Meine eigene Einäscherung
Das auch alle aus O. Deutschl. auch mit dazu gehören (Bis auf eine Person. Monika Fleischer)
25. Juni (1997)
Stadt: meiner Kroketten
Der Herr ist mein Hirte mir wird nichts mangeln
Und das der Frauenchor Sylbach
Dagmar B.
18.10.1953
Spenderin Ingrid Meurer und T. Anni Liebenau.
Gerda B. geb. Badener, Elmar B., Brigitte Fromm, Else B., Gertrud B., Christel u. Fritz Linden.
Die Einäscherung. Dr. Theo Lehrmann und Dieter Lenze
Bad Pyrmont, Alter Bach
Willi Mennigen
Gaststätte – Haus Hamburg- 62810

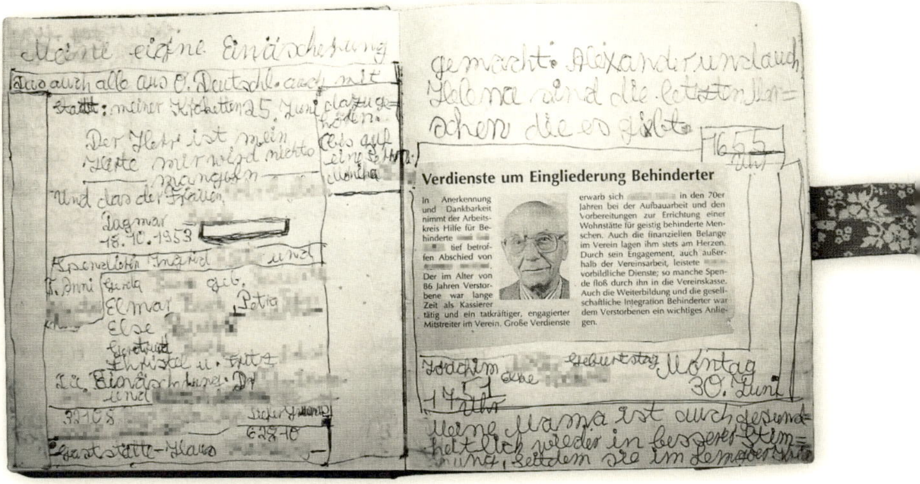

Für Dagmar war der eigene Tod kein Tabu. Sie setzte sich ganz unbefangen mit diesem Thema auseinander. Dabei war sie fröhlich und ganz ohne Angst. Vielleicht spürte Dagmar, dass sie bald sterben würde. Sie berichtet auch wieder über ihren geistigen Abbau. Es fiel ihr beispielsweise schwer, die Geburtstagsgäste eines Bekannten aufzulisten.

14. Juli Karel Gott 58 Jahre
Timm Thaler 21. 22. 23.-24. Juli
Sommerferien auf Balkonien
6. Juli (1997), Sonntag
Mit Brigitte u. Veronika Kranzler, Annegret Münch, Dagmar, Brock waren wir alle wieder bei Ulrich Münschehofs 36. Geburtstag (Lydia Schmelz) weiter komme ich leider nicht mit. Frau Münch wird mir ja wohl helfen wer noch alles da war. Wahrscheinlich. Bei den beiden komme ich leider nicht mehr ganz mit. Ich komme überhaupt nicht mehr ganz mit bei meinem Kurzzeitgedächtnis. Bei mir, ich werde fast auch schon zum alten Eisen geworfen. Ich komme überhaupt nicht mehr ganz klar in meinem Kopf. Kurzzeitgedächtnis.

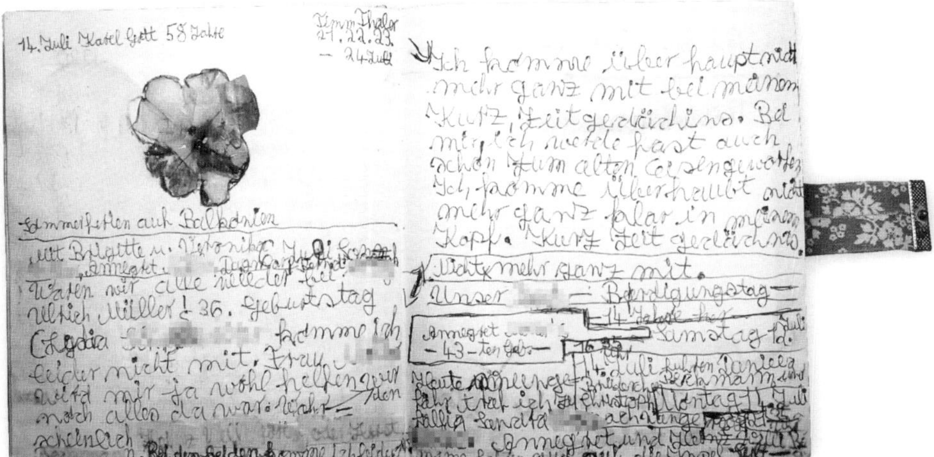

Den Todestag ihres Vaters vergaß Dagmar jedoch nicht:

Samstag,
12. Juli (1997), 16:35 Uhr
Unser Papas Beerdigungstag -14 Jahre her

DAGMAR SCHRIEB SEHR GERNE

Dagmar schrieb nicht nur Tagebuch, sondern auch zahlreiche Briefe an Verwandte und Bekannte. Manchmal legte sie Fotos bei, die sie von ihnen geschossen hatte. Ihre Mutter bekam den genauen Auftrag über die Anzahl der Abzüge, die dafür von den Fotos gemacht werden mussten. Dagmar schrieb die Briefe, adressierte das Kuvert und legte die Fotos bei. Ihre Mutter musste nur noch für die Briefmarken sorgen und die Post in den Briefkasten werfen.
Ab 1997 schrieb Dagmar ihre Briefe häufig nur ins Tagebuch.

Dienstag,
22. Juli (1997), 15:21 Uhr
Lieber Herr Henschel!
Für mich und meine Mama war es dem Weinen nahe, daß Ihre Gemahlin so plötzlich verstarb. Ich habe sehr schmerzlich weinen müssen. Meine Mama und auch ich als wir das in der Zeitung lasen. Wir sind ganz traurig darüber. Ich denke an die wunderschöne Zeit noch zurück als meine Mama und Ihre Frau Gemahlin noch Jogging zusammen machten. Gelegentlich bin auch ich mit gegangen zum spazieren. Der plötzliche Tod war sehr schmerzlich bei allen die mit waren – bei allen die mit waren. Ich würde mich auch freuen, wenn ich auch Imma einmal wieder sehen werde. Ich habe sie lange Zeit nicht mehr zu Gesicht bekommen. Auch Dorothee und Daniel. Bei meinem Vater als er so plötzlich verstarb es mir auch ganz
Ihre Dagmar B.

17:59 Uhr
So plötzl. verstarb Idamarie Henschel

Möglicherweise schrieb Dagmar ihre Briefe nur noch ins Tagebuch, weil sie sich nicht mehr sicher war, ob man den Inhalt verstehen konnte. Das war in ihrer Jugend ganz anders. Weil sie so gerne und auch so gut schrieb, wurde ihr im Behindertenkreis bereits 1980 die Aufgabe übertragen, alle Geburtstagsgrüße an die Mitglieder zu schreiben und zu verschicken.

Als Jahre später die Heimleitung wechselte, entband man Dagmar von dieser Aufgabe. Darüber war sie sehr traurig.

17:49 Uhr
Dienstag, 19. März (1996), 18:23
Unsere Glückwünsche zu den Geburtstagen Jugendlichen darf ich leider auch nicht mehr schreiben. Wurde mir auch untersagt. Worunter ich sehr leide und auch ich sehr traurig bin.

Mittwo,
2. Juli (1997) 10:56 Uhr
(Ihr wißt ja wer mir das Schreiben verboten hat). Das werde ich ihr nie vergessen. Frau Reiter übergab mir ihre Arbeit vom ganzen Herzen.
10:58 Uhr

DAGMAR LIEBTE DAS FOTOGRAFIEREN

Dagmars ganz große Leidenschaft war das Fotografieren. Sie hinterließ ihrer Mutter über hundert Alben, in denen ihre Fotos von Menschen und Landschaften sorgfältig eingeordnet waren. Dagmar suchte sich dieses Hobby selbst aus. Es bereitete ihr viel Freude und beschäftigte sie auf allen Reisen und Veranstaltungen.

31. August (1997)
31. Aug. bis zum 13. September sind im Schwarzw. Sommerferien. Ende meiner Sommerferien. (Seitdem ist auch wieder mein Fotoapparat wieder verschwunden). Was ich bis zum 7. Sept. Ganz dringend wieder haben muß.

Für den 7. September war ein Besuch bei Dagmars Bruder in Bonn geplant. Zu diesem Anlass brauchte Dagmar ihren Fotoapparat.

Samstag,
6. Sept. (1997), 16:33 Uhr
Mein letzter Ferientag und wir fahren morgen zusammen mit Tante Annemarie und Onkel Schorschi sowie Tante Christel und Onkel Fritz (sowie Nicky) Hündchen Nicky Linden nach Bonn zu meinem Bruder Elmar. Nach Bonn in einem besichtigen wir Schloß Heide. (Was ich da soll weiß ich nämlich noch nicht). 23:30 Uhr

Merkwürdig erscheint, dass Dagmar nicht wusste, was sie dort sollte. Dies klärt sich aber später auf.

Sonntag,
7. Sept. (1997)
9:19 Uhr fahren Mama u. ich Onkel Fritz und Tante Christel, sowie Onkel Schorschi und Tante Annemarie nach Bonn-Beuel zu meinem Bruder Elmar. Wir besichtigen Bonn-Beuel. Heute ist es ein regnerisches Wetter in Richtung Bonn. Wir sind um 11:20 Uhr hier eingetroffen dann begann unsere Ausstellung mit zahlreichen Malereien meines Bruders Elmar. Er hat viele Bilder selbst entworfen und auch selbst gemalt. Dazu waren wir zu sechs man auch alle mit eingeladen. Nach Schloß Heide zu kommen. Einlässlich nach Bonn auch Tante Christel und Onkel Fritz sowie Onkel Schorschi und Tante Annemarie. Zum guten Mittagessen waren wir in einer Gaststätte am Rhein. Rückfahrt nach Bad Pyrmont 18:17 Uhr. Als Elmar uns mitnahm zur Heckenstraße. Mit einem fantastischen

Rundgang. In seinem Innenhof alles war wunderschön dort. Ausklang. 20:37 Uhr 21:00 Uhr.

In Dagmars ansonsten sehr präzisem und wahrheitsgemäßem Bericht über den Besuch in Bonn stolpert die Mutter über eine Aussage. Niemand kann sich so recht erklären, wie sie auf die Idee kam, dass ihr Bruder einige Bilder selbst gemalt haben sollte. Ihre Mutter erinnert sich, dass Dagmar gar nicht an der Schlossführung teilgenommen hatte, da sie die vielen steilen Treppen nicht hätte bewältigen können. Dagmar sollte im Auto warten, bis die kurze Führung vorbei war. Vielleicht hat sie deswegen geschrieben, dass sie gar nicht wusste, was sie dort sollte. Doch im Auto zu warten, war Dagmar viel zu langweilig. Schließlich hatte sie ihren Fotoapparat wiedergefunden und mitgenommen. Sie stieg aus dem Auto aus und spazierte durch den Schlosshof. Dabei fotografierte sie fleißig das alte Gemäuer. Möglich, dass sie sich dabei allerhand ausgedacht hatte, was die anderen auf der Schlossführung sehen würden, und kam so auf die Idee mit den Bildern, die ihr Bruder angeblich gemalt haben sollte.

DAGMAR KLAGTE ÜBER EINE KOPFLEERE

Kurz vor ihrem 44. Geburtstag beschrieb Dagmar wieder das Nachlassen ihrer geistigen Fähigkeiten:

22. Sept. bis zum 9. Okt.
Vom 25. Sept. bis zum 1.Oktober. 9:48 Uhr
Ist meine Mama wieder auf Reisen im Schwarzwald bei unserer Doris Bahrenhof. Ich werde z.Zt. wieder betreut von meiner damaligen Arbeitskollegin Margare(G)rete Hernichs. (Ich habe z.Zt. wieder eine Kopflehre). So das ich nicht einmal telefonieren kann. (1. Oktober Ich komme nicht mehr ganz mit) Bei diesem Durcheinander. Am Samstag 27. September war zum Nachmittag unsere Tante Anni wieder hier. Zum Spielen es war alles wunderschön hier in gemütlicher Runde. 15:10 Uhr

Dagmar beschrieb zwar häufig ihren Geisteszustand, gesprochen hat sie jedoch nie mit jemandem darüber. Selbst ihre Mutter war überrascht über diese Einträge. Zumal Dagmar überwiegend fröhlich und zufrieden war.

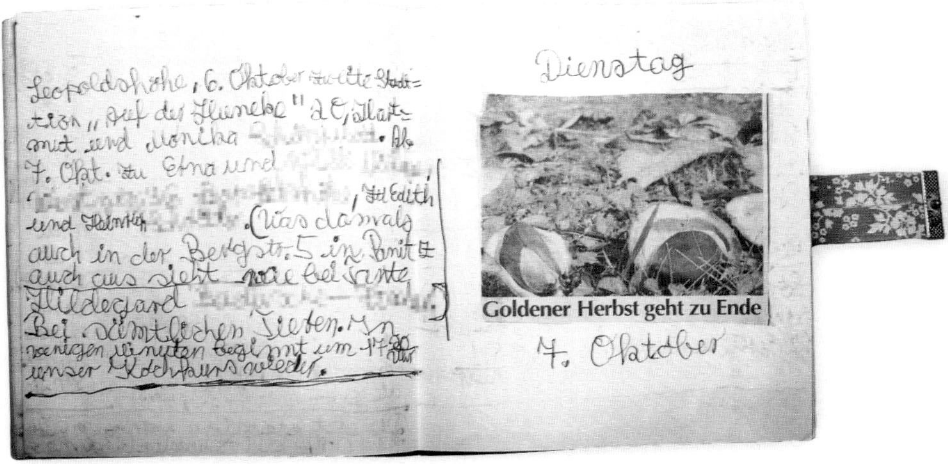

Montag,
6. Oktober (1997), 15:45 Uhr
Vom 22. September bis zum 9. Oktober war meine damalige Arbeitskollegin wieder mit hier. Vom 25. September an. (Ich komme schon ganz durcheinander). Was man alles in einem nicht dazu kommt. Alles geht durcheinander. Das ich nicht mehr ganz klar komme. Mit mir und der ganzen Welt. Wie soll man da mit kommen. Mit der Zeit. Alles dreht sich um diese Person die z.Zt. wieder bei uns ist.
Die erste Station war zum Kamp 14 Elli Schuster nach Leopoldshöhe, 6. Oktober zweite Station „Auf der Huneke" 20, Hartmut und Monika Schöning. Ab. 7. Okt. zu Erna und Willi Hagener, Westernstr. 36 Leohöhe, zu Edith und Heinrich Schremm. (Was damals auch in der Bergstr. 5 in Panitz auch aus sieht wie bei Tante Hildegard Badener – Fleischer.) Bei sämtlichen Tieren. In wenigen Minuten beginnt um 17:30 Uhr unser Kochkurs wieder.

Man hat den Eindruck, dass Dagmar ihrer Vergesslichkeit entgegenwirken wollte, indem sie alles umso präziser aufschrieb. So auch die Geschenke zu ihrem 44. Geburtstag:

Donnerstag,
23. Okt. (1997), 9:24 Uhr
Mein größter Geburtstagswunsch ist mir auch erfüllt worden:
1) Eine fantastische Konzert Karte für den 6. November weil meine große Lieblingssängerin Stefanie Hertel, sowie Patrick Lindener hier in Bad Pyrmont singen werden und Eberhardt Hertel auch.
2) Zu meinem 44. Geburtstag sind für mich auch gebacken worden: von unserer Ingrid selbstgebackene ganz frische Spritzkuchen.
3) Auch von unserer sehr lieben Tante Anni eine wunderschöne Friesentorte. (Und alles was dazu
Auch ein Etui. Foto (mit Filzstiften, Buntstiften, Bleistiften)
Eine wunderschöne Portweinflasche.
Einen Schoko Tell Apfel
Ein Dinah Rahmen Elmar u. Dagmar
Ganz viele Süßigkeiten
Auch eine Puppen Hängematte
Madeira Portugiesischer Likörwein
Briefpapier in sämtlichen Sorten
Ein Ausgabe Buch
Süßigkeiten in rauhen Mengen.
Notizblöcke in rauhen Mengen
Ein Nachthemd, eine Weste, etliche Piccolos, eine Schürze, Holzkugeln (Duftkugeln), Briefpapier, Geld, CD. Außerdem einen Besuch aus dem entfernten O Deutschland – Panitz – Und einer Eierschecke – 12:58 Uhr.
- Und auch 60 Markscheine
Auch eine Schneekugel – Kalb Onkel Werner
10:00 Uhr abgefahren.
Ein spontaner Einfall Tante Hildegard und Onkel Werner, hier einzuladen anlässlich meines 44. Geburtstags (wer freut sich da nicht). Ich und meine Mama schon. Vom 24. Oktober bis zum 26. Oktober – Bevor am

26. Oktober wieder sich die Uhren, wieder umstellen.
16:00 Uhr eingetroffen.
Volker Wilmers und Onkel Wilhelm Bahr
28. Oktober (Mein Geburtstagswunsch ist auch in Erfüllung gegangen, das ich am 6. Nov. in unsere Konzerthalle darf. Meine große Lieblingssängerin Stefanie Hertel und Stefan Mross und auch Eberhard Hertel singen hier. In der Konzerthalle. Wo ich auch recht zufrieden mit bin. Wer hat das schon, hat auch nicht jeder, Dank auch an Anneliese Reiter für die beiden Wohnstätten am Ahnsbergerstr. und Rosenweg (Wo ich mit dabei sein darf) Wer hat 19:48 Uhr das schon.

WIE FRAULICH FÜHLTE SICH DAGMAR?

Folgender Satz steht 1997 ganz unvermittelt in Dagmars Tagebuch:

> *Ich bin eine Dame ohne Unterleib hatte Tante Anni zu mir -gesagt-*

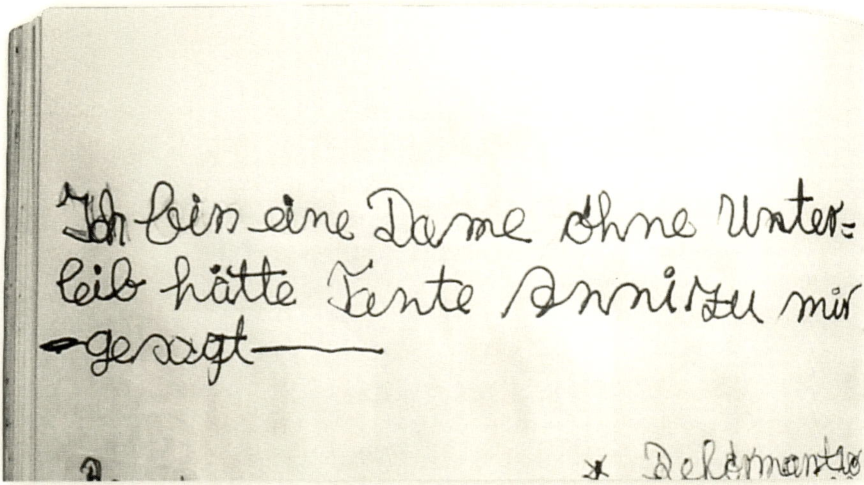

Die Aussage ihrer Tante hatte Dagmar sichtlich bewegt, sonst hätte sie diesen Satz nicht aufgeschrieben. Aber sie konnte dem nichts hinzufügen. Sexuelle Bedürfnisse sind bei Menschen mit Down-Syndrom ebenso vorhanden wie bei Menschen ohne Behinderung. Wie Dagmar damit umgegangen ist, wird in ihrem Tagebuch nicht erwähnt. Dagmars Mutter erwähnt in diesem Zusammenhang Dagmars unglückliche Liebe zu einem Nachbarn.

Dagmar selbst schrieb als 17-Jährige in ihrem ersten Tagebuch, dass sie bald heiraten wolle:

> *5. März 1971*
> *Dieses Wochenende kommt Hermann und besucht uns. Wir freuen uns alle sehr, besonders die Zwillinge Markus und Constanze. Sie freuen sich, dass ihr Papa zurück kommt. Wir hoffen das sich Hermann und Bärbel wieder versöhnen und zusammen bleiben. Wir haben uns schon geschrieben und angefreundet. Ich hoffe, dass ich ihn bald heiraten darf, wenn es meine Eltern erlauben. Meine Eltern wissen davon noch nichts.*

Es wird deutlich, dass Dagmar im Alter von 17 Jahren die Bedeutung von „Heirat" anscheinend nicht kannte. In ihrem ersten Tagebuch schrieb Dagmar auch über die Liebe. Allerdings ging es fast immer um die Liebe zu einer Freundin. Von sexuellen Bedürfnissen ist dabei nie die Rede. Die Liebe zu ihren Freundinnen basierte auf einer freundschaftlichen Verbundenheit.

Dennoch war Dagmar bewusst, dass sie eine Frau war. Sie klagte oft über Menstruationsbeschwerden. So zum Beispiel Heiligabend im Jahre 1980:

> *24. Dez. 1980*
> *Heiligabend*
> *Seit 20. Dezember haben wir Weihnachtsferien vor zwei Tagen waren Mama und ich in Minden bei Tante Trude und Oma. Seit gestern habe ich wieder meine Schmerzen einmal im Monat. Von Peterchens Mondfahrt Zeichentrickfilme zu Pippi Langstrumpf*

und Madita Weihnachtssendungen. Eine Weihnachtsplatte gehört. Bescherung mit schönen Geschenken. Weihnachten noch bei Hausers und Radlers kurz.

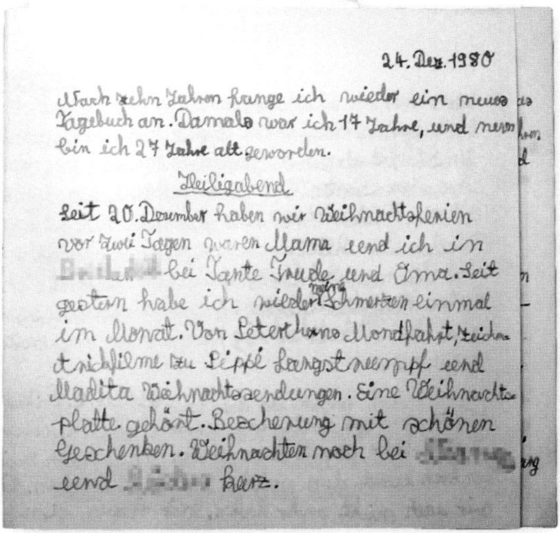

24. Dez. 1980

Nach zehn Jahren fange ich wieder ein neues Tagebuch an. Damals war ich 17 Jahre, und nun bin ich 27 Jahre alt geworden.

Heiligabend

Seit 20. Dezember haben wir Weihnachtsferien vor zwei Tagen waren Mama und ich in [redacted] bei Tante Trude und Oma. Seit gestern habe ich wieder Schmerzen einmal im Monat. Von Peterchens Mondfahrt, Zeichentrickfilme zu Pippi Langstrumpf und Madita Weihnachtssendungen. Eine Weihnachtsplatte gehört. Bescherung mit schönen Geschenken. Weihnachten noch bei [redacted] und [redacted] kurz.

Dagmar schilderte ihre Beschwerden jedoch nicht immer so direkt.

Donnerstag
16. Mai (1996), 12:43
Heute morgen waren wir mit Tante Hilde, Mama sowie Grete und auch ich auf dem Firlefanz Markt. Z.B. Trödelmarkt (Gegenüber der Bäckerei Funke (Ernst). Den Nachm. verbringe ich auf der Terrasse liegend. Ihr wißt schon weswegen zu 14:08 Uhr.

Hier ging Dagmar davon aus, dass die Leser allein durch ihre Andeutung verstehen würden, warum sie den Nachmittag liegend verbrachte.
In der Zeit, als Dagmar kein Tagebuch führte, sondern nur in ihren Tagesplaner Notizen schrieb, vermerkte sie sorgfältig das Datum ihrer Regelblutungen, so wie es die meisten Frauen tun.
Zur Frage, wie wichtig Dagmar ihr frauliches Aussehen war, fallen ihrer

Mutter nicht sehr viele Begebenheiten ein, die darüber Aufschluss geben könnten. Dagmar zog immer das an, was ihre Mutter ihr herauslegte. Dabei gab es keine Diskussionen. Wenn Dagmar im Geschäft neue Kleidung anprobieren sollte, war ihr das meist lästig und unangenehm.
Allerdings erzählt ihre Mutter auch, dass Dagmar sich einmal stundenlang ihr Konfirmationsfoto anschaute, auf dem sie mit anderen Kindern im Konfirmationskleidchen zu sehen war. Sie war darauf das einzige Mädchen mit einer Behinderung. Nach langer Zeit meinte sie zu ihrer Mutter: „Ich bin die Doofste auf dem Bild!"
Vielleicht war Dagmar in dieser Beziehung doch sensibler als vermutet.
In ihrem Tagebuch findet sich ein Kommentar über ihre neue Brille, mit der sie gar nicht einverstanden war. Im Oktober 1974 schrieb die damals 21-jährige Dagmar:

Meine neue Brille
Hoffentlich erkennt mich keiner mehr mit dem großen Veikel auf der Nase.

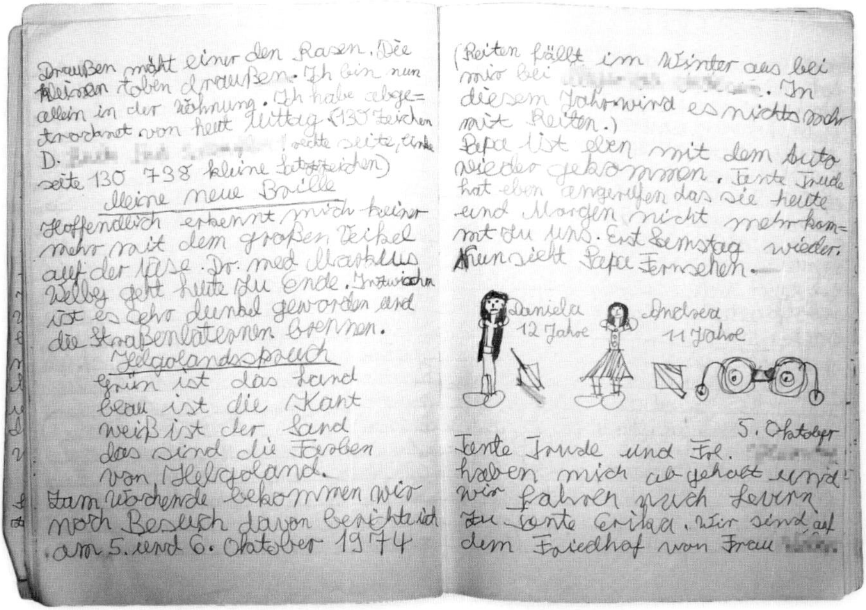
Draußen mäht einer den Rasen. Die Kleinen toben draußen. Ich bin nun allein in der Wohnung. Ich habe abgetrocknet von heut Mittag (130 Zeichen D. [illegible] rechte seite, linke seite 130 738 kleine Satzzeichen)
Meine neue Brille
Hoffendlich erkennt mich keiner mehr mit dem großen Veikel auf der Nase. Dr. med Markus Welby geht heute zu Ende. Inzwischen ist es sehr dunkel geworden und die Straßenlaternen brennen.
Helgolandspruch
Grün ist das Land
Rot ist die Kant
weiß ist der Sand
das sind die Farben
von Helgoland.
Zum Wochende bekommen wir noch Besuch davon berichte ich am 5. und 6. Oktober 1974

(Reiten fällt im Winter aus bei mir bei [illegible]. In diesem Jahr wird es nichts mehr mit Reiten.)
Papa ist eben mit dem Auto wieder gekommen. Tante Trude hat eben angerufen das sie heute und Morgen nicht mehr kommt zu uns. Erst Samstag wieder. Nun sieht Papa Fernsehen.
Daniela 12 Jahre
Andrea 11 Jahre
5. Oktober
Tante Trude und Frl. [illegible] haben mich abgeholt und wir fahren nach Levern zu Tante Erika. Wir sind auf dem Friedhof von Frau [illegible]

WEIHNACHTEN 1997

In der Weihnachtszeit schrieb Dagmar nicht sehr viel in ihr Tagebuch. Einiges bleibt rätselhaft für den Leser.

Sonntag, 14. Dez. (1997)
Und wieder zu einer 22. Weihnachtsfeier (Obwohl Heidi(marie) Uhland dies mit unser Rhym. Gymnastik nichts vorbereitet hat (wegen eines Sterbefalle's ihrer sehr kranken Mutti mit 95 Jahren. Die ein paar Tage später so plötzlich verstarb).
-13. Dezember - 1997 -
Lieber guter Weihnachtsmann schau mich nicht so böse an stecke deine Rute ein. Ich will auch immer artig sein (damit meine Betreuerin beide wieder im neuen Jahr 1998 wieder her kommen dürfen.

Dagmar schrieb auch wieder eines ihrer Lieblingsgedichte ins Tagebuch:

Dienstag,
23. Dez. (1997), 18:00 Uhr
steigt ein wunderbares singen. Oh du gnaden reiche Zeit. Wie so weit und die Welt Sterne hoch die Kreise schwingen aus des Schnees, Einsamkeit
Markt und Straßen stehen verlassen, still erleuchtet jedes Haus. Singend geh ich durch die Gassen, alles sieht so festlich aus. An den Fenstern haben Frauen buntes Spielzeug fromm geschmückt. Tausend Kindlein stehen und schauen sind so wunder bar beglückt und ich wandere aus den Mauern bis hinaus ins freie Feld. Hehres glänzen, heilges Schauern

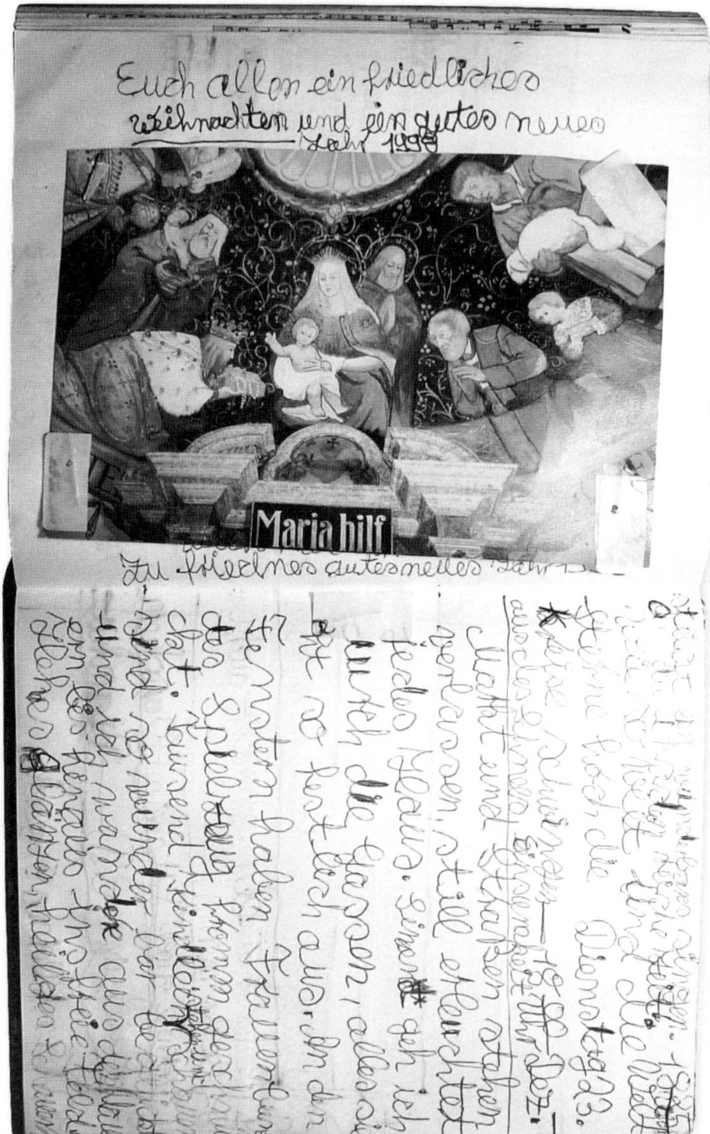
Euch allen ein friedliches
Weihnachten und ein gutes neues
Jahr 1999
Maria hilf

1998

Das neue Jahr 1998 begann für Dagmar mit erfreulichen Meldungen aus Ostdeutschland.

Sonntag,
25. Jan. (1998)
Pfannie und Phronni
Vom 14. bis 15. Feb. 1998
Beide braun und schön Kuh Zwillinge in Panitz geboren.

Montag,
16. März (1998), 19:11 Uhr
Große Freude ist in mir vom 13. März bis zum 16. März stellt euch vor sind meine und unsere Freunde aus Schwerte der Firma Sturm wieder in Bad Pyrmont. (Ich habe wieder vor Freude sehr weinen müßen). Ich bin schon etliche Sonderfahrten auch wieder mit fahren dürfen. Gott sei Dank meine Tränen flossen vor Freude. Ich hänge sehr an unserer Ulla und auch an Siegfried sowie auch an Sieglinde und Werner Reichelt. (Wenn Tante Lind das auch mit erlebt hätte) die hätte auch große Freudentränen in ihr. Ganz besonders die würde sich auch – mächtig darüber freuen. (Die würde sich auch wieder mächtig mit mir freuen. Auch um ihren Elmar der dort mit 13, 14, 15, 16 mitgeholfen hat 1960.)

Was ihren Bruder betraf, hatte Dagmar alle Daten im Kopf.

DAGMAR KRITISIERTE IHREN BRUDER

Das Leben ihres Bruders beobachtete Dagmar sehr aufmerksam. In Bezug auf seine Freundinnen hatte sie immer ihre eigene Meinung und kritisierte ihn bereits 1970 in ihrem ersten Tagebuch. Damals war Dagmar 17 Jahre alt. Zu Weihnachten hatte Elmar seine neue Freundin mit nach

Hause gebracht.
Dagmar schrieb dazu Folgendes:

25. Dezember 1970
Mein Bruder hat eine neue Freundin. Die erste ist sehr krank und liegt in Göttingen im Krankenhaus. Vor ein paar Monaten bekam er eine neue Freundin. Elmar brachte sie heute mit. Wir aßen mit einander zu Mittag. Ich war böse das er schon wieder eine neue Freundin hatte. Ich war ein bißchen bekümert auf meine Freundin die nun im Krankenhaus liegt. Wir schreiben uns sehr oft. Wir verstehen uns sehr gut mit einander.

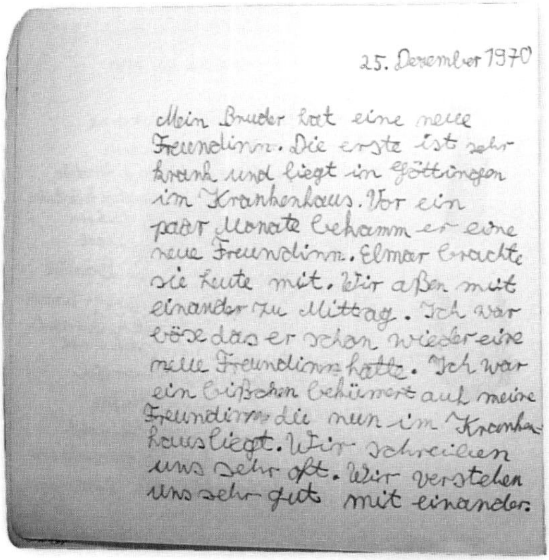
25. Dezember 1970
Mein Bruder hat eine neue Freundinn. Die erste ist sehr krank und liegt in Göttingen im Krankenhaus. Vor ein paar Monate bekamm er eine neue Freundinn. Elmar brachte sie heute mit. Wir aßen mit einander zu Mittag. Ich war böse das er schon wieder eine neue Freundinn hatte. Ich war ein bißchen bekümert auf meine Freundinn die nun im Krankenhaus liegt. Wir schreiben uns sehr oft. Wir verstehen uns sehr gut mit einander.

Dagmar konnte nicht verstehen, warum ihr Bruder nun eine neue Freundin hatte, und sorgte sich um das erkrankte Mädchen, mit dem auch sie sich angefreundet hatte. Dass ihr Bruder ihrer Ansicht nach öfter die Freundinnen wechselte, stieß bei ihr auf Unverständnis.

In den 90er Jahren schrieb sie:

Wozu: Zu Elmar und seine vielen Freundinnen.
Das trifft zu Elmar.
Januar, Februar, März
Du bist mein liebes Herz
Juni, Juli, August
Mir ist nichts mehr bewußt.

Diesen Reim schrieb Dagmar gerne auf, wenn es um ihren Bruder und seine Freundinnen ging. So auch wieder viele Jahre später im April 1998:

Montag,
27. April (1998), 13:00 Uhr
Herz – Juni, Juli, August mir ist. ist nichts mehr bewußt und das will was heißen.
Hier geht es allen recht zufrieden gut. Wir haben hier zwei fantastische Betreuerinnen, die hier alles putzt (und mit mir auch spielt). Aus der Losestr. Und auch aus der Polenstr. Die liebevoll mit mir und meiner Mama sind. Und eine die aus Ulm in ihren Ferien kommt (freiwillig). Mein Bruder hat viel zu viele Freundinnen nach dem Ausspruch Januar, Februar, März du bist mein liebes Herz …

Dagmars Bruder ist heute sehr überrascht darüber, wie viele Gedanken sich seine Schwester über ihn gemacht hat. Zumal sie ihn niemals auf seine Freundinnen angesprochen hatte. Seiner Meinung nach war nicht alles so, wie Dagmar es in ihren Tagebüchern aufgeschrieben hat, und es macht ihn im Nachhinein umso betroffener. Auch wenn Dagmar ihren Bruder durchaus kritisch sah, so blieb doch ihre Liebe zu ihm ungetrübt. Zu den großen Erlebnissen in ihrem Leben, die sie in ihrem Tagebuch festhielt, zählten die Fahrten zu ihrem Bruder, auch wenn wieder eine neue Freundin bei ihm war. Seine Kochkünste begeisterten Dagmar immer wieder.

Karfreitag,
10. April (1998), 9:05 Uhr
Wir fahren heute zu meinem Bruder Elmar und Freundin Marianne Rose um Ostern mit den beiden zu feiern. Heute wahrscheinlich fahren wir noch nach Minden und holen noch Tante Trude auch noch ab.
Vorspeise: Entenpaste m. Morcheln und Cumberland Soße, Zanderfilet mit Sahnesauerkraut und Kartoffelklöße, Erdbeeren in Amaretto und Maßkaponecreme. 17:26 Uhr.
Mama und auch ich sowie Marianne waren auch noch zusammen im Atelier. Mit den vielen Kostümen der Bianca.
Meine große Lieblingssängerin in allen großen Schlagerparaden ist meine große Lieblingssängerin Bianca.

Dagmar hatte eine besondere Vorliebe für Schlager und Volksmusik. Sendungen wie der „Musikantenstadl" zählten zu ihren Favoriten, und Dagmar versäumte sie niemals, wie Gerda B. sich erinnert. Da sie selbst kein großer Fan dieser Art von Musik war, ließ sie Dagmar mit dem Vergnügen allein und las währenddessen ein Buch oder sah sich auf dem Zweitfernseher im ersten Stock eine andere Sendung an. Dann hörte sie ihre Tochter vergnügt mitsingen, lachen, klatschen und „Bravo!" rufen. Dagmar konnte sich nach Herzenslust freuen. Dagmars Freude über den Besuch im Atelier der Freundin ihres Bruders war echt. Dennoch ließ sie sich durch nichts bestechen. Sie beurteilte die Menschen nicht danach, was sie ihr boten, sondern aus dem Herzen heraus. Dagmar hatte ihre eigenen Favoritinnen unter den Freundinnen ihres Bruders.

Samstag,
4. Juli (1998), 21:00 Uhr
Das nennt sich Bruder und seine jetzige Freundin Marianne Rose (Gott sei dank, das meine letzten jährige Brigitte Fromm noch ist) mir immer noch lieber jeder anderer:- 21:10 Uhr.

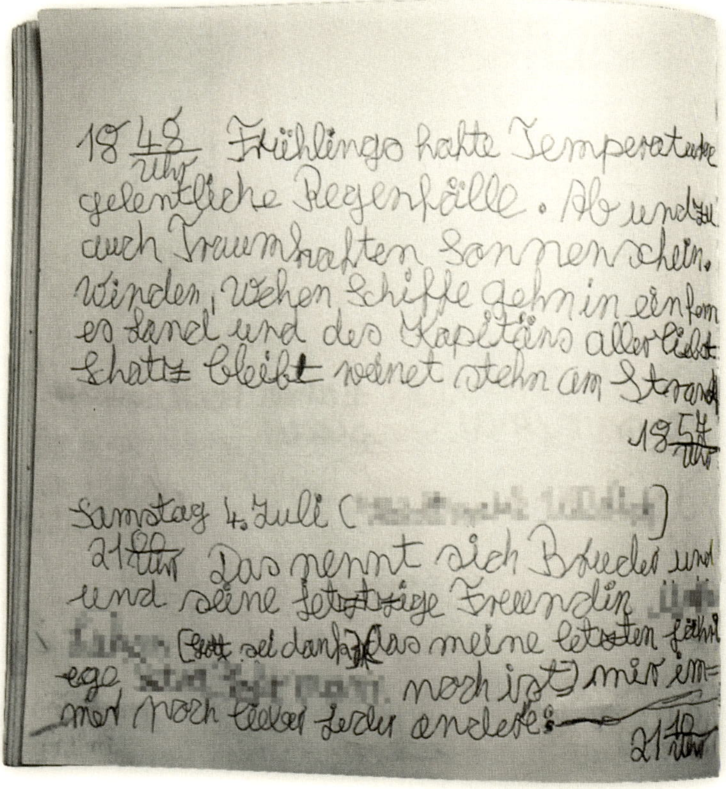
18 48 Uhr Frühlings hafte Temperatur
gelegentliche Regenfälle. Ab und zu
auch traumhaften Sonnenschein.
Winden, wehen Schiffe gehn in ein fern
es Land und des Kapitäns allerliebst
Schatz bleibt weinet stehn am Strand
18 57 Uhr

Samstag 4. Juli ([redacted])
21 00 Uhr Das nennt sich Bruder und
und seine letztzige Freundin [redacted]
[redacted] (Gott sei dank das meine letzten fähi
ege [redacted] noch ist) mir im-
mer noch lieber leider andere:
21 10 Uhr

DAGMARS ANGSTZUSTÄNDE HIELTEN AN

Dagmars Angstzustände tauchten immer wieder in ihrem Tagebuch auf. Sie beschrieb erneut die heimliche Angst vor ihrer Betreuerin Ingrid:

> *31. März (1998), Dienstag*
> *Unsere allerliebste Freundin die seit 1969 bei uns immer noch tätig ist unsere Ingrid begann am 17. April 1996 (vor ihr habe ich auch immer noch gelegentlich immer ab und an immer noch Angstzustände. Sonst bekomme ich Kloppe von ihr.*

Seit 1978 im Hause Meurer betreute unsere schwer erkrankte Siegfried Meurer unsere Tante Anni Liebenau. Eine sehr talentierte Dame. Nun wohnt der Sohn Arnd mit drei seiner Freundin drin.

In ihrer Verzweiflung schrieb Dagmar einen Brief, den sie aber nicht abschickte:

20. April (1998)
Liebe Ingrid!
Und wenn ich immer ständig ins Bett muß manchmal auch Angst zu haben wenn, auch wegen meiner Brille (und den Rolläden) vor unserer Ingrid habe ich immer Hemmungen manchmal auch Angstzustände. Onkel Amor 92 Jahre und Caterina -Trinkles – Montag

Gerda B. erzählt, dass Dagmar jeden Morgen schon bei Sonnenaufgang die Rollläden im ganzen Haus hochzog. Das sah sie als ihre Aufgabe an. Danach ging sie oft wieder ins Bett und schlief weiter. Sie wollte auf jeden Fall vermeiden, dass ihr jemand dabei zuvorkam. Ihre Mutter ließ sie gewähren, auch wenn manchmal schon um vier Uhr morgens das Rattern der Rollläden durch das Haus drang. Ihre Betreuerin Ingrid fühlte sich verständlicherweise durch das frühe Hochziehen der Rollläden in ihrem Schlaf gestört und verbot es Dagmar, wenn sie dort übernachtete. Dies machte Dagmar Angst. Es kam wohl auch vor, dass sie mit Dagmar schimpfte, wenn sie mal wieder ihre Brille verlegt hatte. Dass Dagmar sich dies so zu Herzen nehmen würde, hat Ingrid sicher nicht geahnt. Auch hier hat Dagmar sich nur ihrem Tagebuch anvertraut. Letztendlich haben diese zeitweiligen Ängste das langjährige gute Verhältnis zwischen Dagmar und ihrer Betreuerin jedoch nicht beeinträchtigen können, wie auch der folgende Eintrag zeigt:

Dienstag,
5. Mai (1998), 15:38 Uhr
Statt Tante Anni, die sonst Mittwochs kommt (Nur zu mir) unsere Ingrid. Von 8:00 Uhr bis 11:00 Uhr. Einschliesslich nimmt sie

mich mit in die Losestr. 95 zum Mittagessen. Sowas gibt es ganz selten Meine Konfirmation war auch 1969 auch bestritten durch unsere Ingrid auch unsere gemeinsamen Spritzkuchen hatte sie auch mit gebracht. 25 Jahre kennen wir uns schon als sie am 17. April 1969 hier auch anfing. Sowas gibt es ganz selten. Einmal und nicht wieder (Und ihre Tante Charlotte hat mir auch geschrieben). 17:54 Uhr.

Dagmar reagierte immer häufiger mit Angstzuständen. Wenn sie früher nur verärgert war, weil sie jemand nicht begrüßte, so machte ihr dies nun Angst.

Donnerstag,
28. Mai (1998), 10:00 Uhr
waren Grete und auch ich bei Ehepaar Hagener (die richtigen) in Leopoldshöhe, Westernstr. 36. (Ingrid Hagener) Die wohnen in der Elsestr. 22. Lars war auch mit dort. Björn war auch ganz kurz zu sehen. Ich war verängstigt, weil er mich nicht begrüßte. (kaum ein Foto wert.) 16:31 Uhr

DAGMAR ZWEIFELTE AN IHREM VERSTAND

Folgende Sprüche sind auch Ausdruck ihres schwindenden Selbstbewusstseins:

8. April (1998), Mittwoch, 22:22 Uhr
Es trinkt der Mensch, es sauft das Pferd bei Dagmar ist es umgekehrt. 22:26 Uhr
In der an nahme von Tante Hildegard Fleischer geb. Badener

Es spricht der Mensch
Es wiehert das Pferd
Bei Dagmar ist umgekehrt

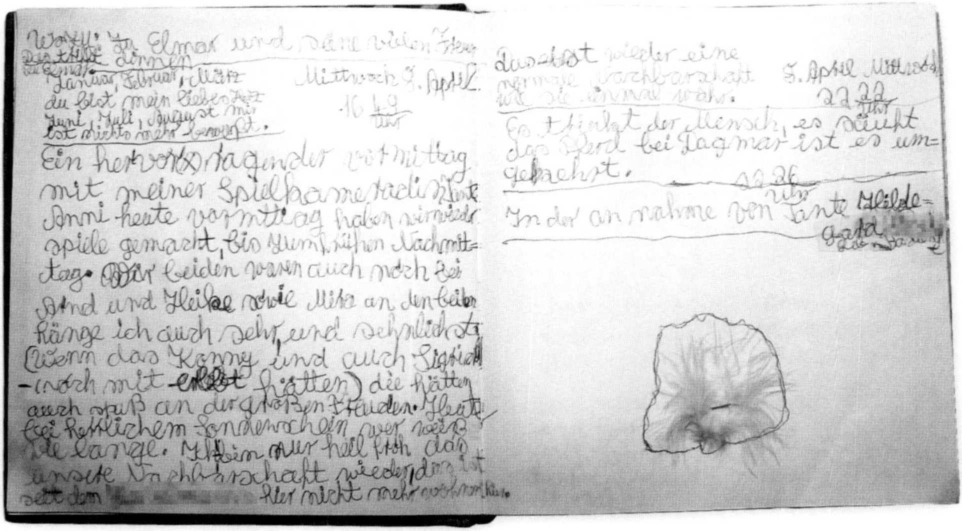

27. Juni (1998), 18:50 Uhr
(Ich bin mit mir und der ganzen Welt. Weil ich so nachlasse) Mein Gehirn lässt sowieso schon nach. 18:54 Uhr

Die Zweifel an ihrem Verstand kommen in Dagmars späten Aufzeichnungen immer öfter vor. Insgesamt haben sie ihr Leben aber nicht gravierend beeinflusst. Ihrer Mutter oder anderen Menschen gegenüber hat sie sich darüber jedoch nie besorgt geäußert. Ein Reisebericht zeugt von einer stabileren Phase in Dagmars Leben.

29. Juli (1998), Mittwoch
früh Abfahrt gutes Wetter unterwegs viele Baustellen bis (West)Berlin.
30. Juli sind wir angekommen bei unserer Tante Käthe (Trampelchen). Von da aus waren Helferin (Pflegerin) Salziger da. Gegen Abend haben wir bei Tante Käthe gesessen. (Trampelchen) angelangt. Gut geschlafen (nur war das Bett zu hart) für mich. Wir waren bei O. Günther und Tante Anna geb. Hernichs.

31. Juli. Gut geschlafen – Frühstück. Döbeln bei Dessau scheusslicher Stau. Viel heiß im Auto 13:30 Uhr. Ankunft in Panitz O. Deutschland. Gegessen Eierschecke und Schmandkuchen. Patricia zu Besuch. Abend große Gesellschaft wenn Tante Hildegard, Martina, Claudia, Conny, Wolfgang und Monika. 22:00 Uhr. Manfred stiess auch da zu.
Gut geschlafen und Frühstück auf der Terrasse. Wetter gut (im Bett gelegen (krank gespielt). Gut gegessen und Kaffee getrunken. Grosser Bahnhof. Abreise 16:20 Uhr Ankunft 22:30. (Ende einer guten Reise)

Es fiel Dagmar immer schwerer, verständlich zu berichten:

22. September (1998), 9:15 Uhr
Wieder nach Bad Lippspringe zu Tante Trude und Elisabeth Koch. Und das ich auch fotografieren darf wieder. Weil ich am 16. Sept. meinen Fotoapparat leider nicht mit hatte. Weil ich im inneren Fotoapparat meine Batterien nicht defekt war. Andauernd kommt was dazwischen durcheinander. Am Samstag den 26. Sept. fahren wir nach Schwerte im Ruhrgebiet auch nach Minden. (bei Hagen) in Westfahlen. 18:13 Uhr.

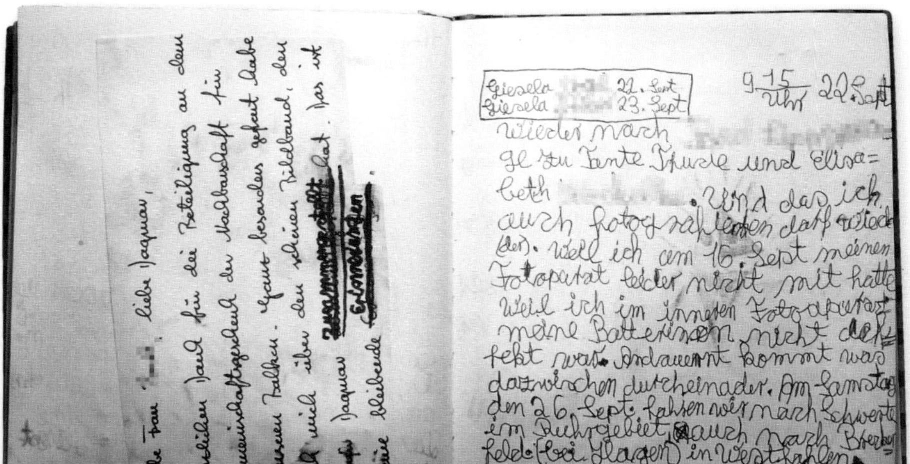

Der Humor blieb Dagmar erhalten:

Donnerstag,
8. Okt.(1998), 19:32 Uhr
Erst waren wir in der Stadt einschliesslich waren wir im Kurpark auf mehreren Stellen. Wer weiß wo überhaupt um einen Kurschatten zu ergattern. Haben wir leider nicht zu schaffen bekommen. Bei unserer Ingrid war es einfacher hat zu gegriffen auch einen Tante Charlotte zu ergattern. Die in O.Deutschland zu Hause in Freital.
Bist du in Bad Pyrmont neu
und die schöne Welt genießt
fragst am Brunnen voller Schläu
aus welchen Hahn wohl der Urquell fließt
bedauernd hörst du die bemerken.
Hier gibt es nur Wasser und auch nur salzig Wasser nur.
Man rät Dir, um Dein Herz zu stärken
such Dir `nen Schatten für die Kur.

DER 45. GEBURTSTAG

Dagmars 45. Geburtstag wurde sehr groß gefeiert. Gerda B. ist im Nachhinein sehr froh über dieses Fest. Dagmars sehnlichster Wunsch war eigentlich eine große Party an ihrem 50. Geburtstag. Doch dieses Alter erreichte sie leider nicht. Dagmar beklagte an diesem 45. Geburtstag ihr Unvermögen, das Fest zu beschreiben.

Der bunte Herbst 10:40 Uhr
Am 18. Okt. (1998), Sonntag
hatte ich meinen 45. Geburtstag (ganz großartig) gefeiert
15 Personen waren hier im Haus Hamburg. Beschreiben kann ich nicht viel. Aus dem Stehgreif: 19. Okt. Unser Papa 79 Jahre. Heute hätte Werner Kunze und auch meine Käthe Kruse Puppe Michaela auch Geburtstag 5 Jahre.

Wie immer dachte sie am Tag darauf an den Geburtstag ihres verstorbenen Vaters.
Die Aufzählung ihrer Geschenke gelang Dagmar nur nachträglich mit Hilfe ihrer Mutter.

Sonntag,
18. Okt. (1998), 16:36 Uhr
Haben Tante Else geb. B. 85. Geburtstag und auch Dagmar B. 45. Geburtstag sowie auch Horst Veigel 68. Geburtstag. Den feiern wir verschiedentlich zusammen „Gideon Hauser am 19. Okt. Unser gemeinsamer Papa 19. Okt. Sowie auch Werner Kunze am 20. Okt. Und auch meine neuere Käthe Kruse Puppe, die nun zwei vernünftige Patentanten hat unsere Ingrid Meurer und auch Tante Anni Liebenau. 17:18 Uhr
Ton von Hildegard Lächter Jenga (einen Turm von Pisa Anneliese Reiter. Zwei künstliche Bilder von unserer Ingrid Odenthal aus Braunau, Fahrrad einen Fahrradhelm, einen modernen Bikini von Elmar, von unserer Ingrid Meurer mein Spritzkuchen. Von unserer Tante Anni eine Friesentorte, einen Adventskalender von Tante Lotte, Buntstifte u. Zeichenblock Bärenfang von Tante Hildegard. Portwein von (Willi Winklers). Von Christa Masuren den kleinen Baumkuchen, die Plätzchen von Christa Masuren und den genähten Beutel, Notizbuch, Briefpapier, Lutscher Happy Birthday, Frau Reiter, das Foto, Clara Lindener 27. Okt. 98, Ulrich Münchenhofs Notizblock, Giesela Wiesenmann, Das Bild von Clara, den Lutscher und die Schoko von Sigried Lindener.

Die Käthe-Kruse-Puppe hatte sich Dagmar zu ihrem Geburtstag gewünscht. Von ihren Gratulanten waren dafür 500,- DM zusammengekommen. Im Puppenladen zeigte Dagmar gezielt auf eine Puppe, die 800,- DM kostete. Sie hatte kein Verhältnis zum Geld und ließ sich einfach nicht umstimmen. Sie zeigte immer wieder in stoischer Ruhe auf diese eine Puppe. Ihrer Mutter blieb nichts anderes übrig, als 300,- DM dazuzusteuern und die Puppe ihrer Wahl zu kaufen.

Ihre Mutter erzählt, dass Dagmar immer wieder mit dem Thema Geld konfrontiert wurde. So schnappte sie einmal auf, dass ihr Vater das Geld verdiente, mit dem das Haus der Familie gebaut wurde. Aus diesem Grunde konnte der Vater nach Ansicht einer Tante auch über die Köpfe aller anderen bestimmen, wer zu Besuch kommen durfte. Dagmar verstand, dass ihr Vater das Geld verdiente. Aber sie wusste auch, dass ihre Mutter dieses Geld von der Bank abholte. Das erschien ihr Grund genug, warum auch ihre Mutter ein Mitspracherecht haben sollte.

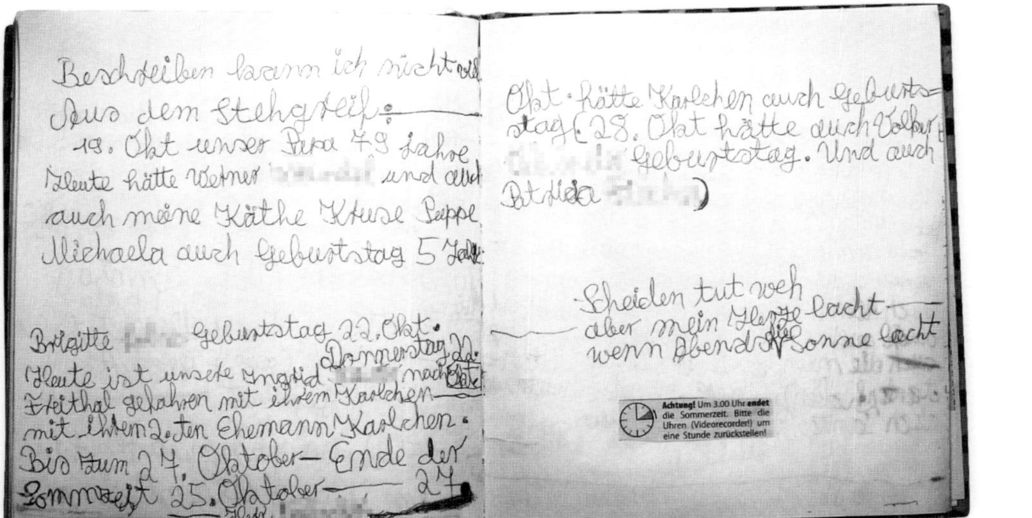

WEIHNACHTEN 1998

Die Weihnachtszeit beschrieb Dagmar erst im Januar 1999, als sie ihr fünfzehntes Tagebuch begann:

> *Mittwoch,*
> *6. Januar (1999), 21.04 Uhr*
> *Was ich nun auch zu Weihnachten auch bekommen habe zu 1998/1999 unsere Betreuerinnen unsere Ingrid und auch meine Tante Anni. Zum Massieren. Und auch eine vornehme Dame die mit mir Spiele spielt. Einmal in der Woche. Und auch eine Dame aus Neu Ulm (die alles durch einander bringt in ihrem 76. Lebensjahr. Zwei CDs „Ade, du mein lieb Heimatland“ Die Regensburger Domspatzen singen die schönsten Volkslieder. Und Stefanie Hertel mit Stefan Mross und Eberthard Hertel und 5 DM, Feine Pralinen mit Vollmilchschokolade, Schmuckediketten, Handschuhe, und ein Film, ein Püppchen, ein Fensterbild, Drei Rikkolo's, und Sekt trocken. 23:27 Uhr*

1999

Auch im neuen Jahr beklagte Dagmar ihren Geisteszustand:

> *Ich bin Begriff stutzig auf das was man meint.*

Wieder einmal schrieb sie ihren großen Kummer in einen Brief, den sie nur ihrem Tagebuch anvertraute. Es fiel ihr schwer, sich dabei verständlich auszudrücken.

> *14. Febr. (1999), 12:15 Uhr*
> *Liebe Tante Anni Liebenau!*
> *Ich möchte mich in meinem neuen Lebensweg nochmals entschuldigen für alles – du weißt weswegen. Wegen meiner herzens Freundin*

Heike Ziermann (geb. Meurer). Es tut mir so sehr leid. Wie geht es dir z.Zt.? Beiden Grippen wirst du doch wohl überstehen. Was wir mit meinen schweren Windpocken mit 19 Jahren 1972 überstanden haben. Unsere Ingrid wird auch bei Lindens untersucht. Genauso wie du ich würde dir raten wechsel doch deinen Arzt einmal zu Dr. Fritz Linden. Zu gehen zur Untersuchung. Bei unserer Ingrid hat es geklappt und das wirkt wunder Bei unserem Schwerteer Freundeskreis Doktor Hans Jörg Fangmann 1969. Und wo wir beide große Freude mit haben 1969. Und diese Dame ist immer noch bei uns auch seit 1969. Und diese Dame auch haben besonders meine Mama und auch ich und. Und das wünschen wir auch. Ich bin mächtig traurig darüber.
Deine dich liebende Dagmar
18:23 Uhr

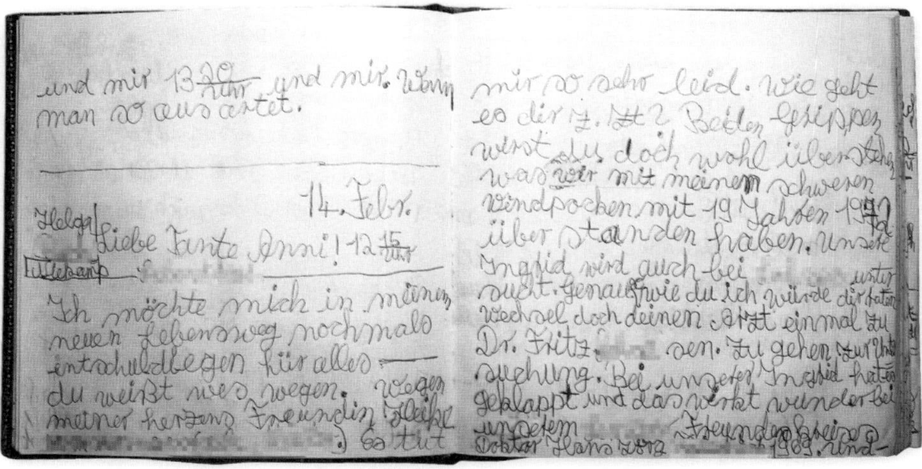
und mir 13 20 Uhr und mir. Wenn
man so ausartet.

14. Febr.
Helga / Liebe Tante Anni! 12 15 Uhr
Ich möchte mich in meinen
neuen Lebensweg nochmals
entschuldigen für alles
du weißt was wegen. Wegen
meiner herzens Freundin Heike
) Es tut

mir so sehr leid. Wie geht
es dir z. Zt? Beiden Grippen
wirst du doch wohl überstehen
was wir mit meinem schweren
Windpocken mit 19 Jahren 1972
über standen haben. Unsere
Ingrid wird auch bei unter-
sucht. Genauso wie du ich würde dir raten
wechsel doch deinen Arzt einmal zu
Dr. Fritz sen. Zu gehen zur Unter-
suchung. Bei unserer Ingrid hat es
geklappt und das wirkt wunder bei
unserem Freundeskreis
Doktor Hans Jörg 1969. Und

Dass Dagmar sich in diesem Brief wieder an ihre Windpocken erinnerte, die 27 Jahre zurücklagen, ist erstaunlich. Gerda B. erzählt, wie schwer Dagmar 1972 als 19-Jährige an den Windpocken erkrankt war. Dagmar lag auf dem Sofa im Wohnzimmer und phantasierte bei hohem Fieber. Sie hatte überall am und im Körper die Winkpocken. Sie glaubte damals nicht, dass ihre Tochter überleben würde. Nach vielen schrecklichen Stunden schlug Dagmar plötzlich die Augen auf, setzte sich aufrecht hin und meinte: „Und, Mama, was ist los, gehen wir jetzt endlich zu Lindens?“ Kurz bevor Dagmar so krank wurde, war ein Besuch bei einer befreundeten Familie geplant worden, der abgesagt werden musste. Dagmar hatte sich sehr darauf gefreut. Gerda B. war damals sprachlos. Dagmar ging es von einer Sekunde auf die andere wieder besser.

Die Sorgen, die sich Dagmar in diesem Brief um andere Menschen machte, setzten sich in ihren Aufzeichnungen fort.

> *27. Febr. (1999)*
> *Wir haben gesessen viel zu viel und auch gegessen viel zu viel. Große Fischplatte in sämtlichen Variationen von sämtlichen Fischen und auch ganz besonders sehr viel Torte. Und das will was heißen bei uns allen. Besonders fehlte uns allen unsere Tante Ulrike Linden – Horn. Sie weiß nicht einmal, dass ihr damaliger Schulkamerad Theo Martens nicht mehr lebte. Der am 24. Januar 1999 so plötzlich verstarb. Wie wird das Tante Uli gewahr es 60 ist her.*
> *Mehr kann ich nicht dazu beschreiben.*

Trotz aller Schwierigkeiten, sich verständlich auszudrücken, schrieb Dagmar stetig in ihr Tagebuch, und es gelang ihr dabei weiterhin, witzige und fröhliche Formulierungen zu finden.

> *10. März (1999), 9:18 Uhr*
> *Fahren wir in Richtung Exter. Ich bin Mamas Taschentuchöffner. In Richtung Ost Deutschland. Bei Elbsand Steingebirge. Die Scherte Halle Bernburg.*
> *Mama vergisst sogar mehrere Brötchen zum Essen mit zu nehmen und harte trocken Brot mit. Die man kaum noch essen kann. Dresden.- Meine Frau Tante Anni ist gerne Sülze sie „wenn keine kriegt dann brüllt sie“.*
> *(Halle) zum Scheudizerkreuz. 14:11 Uhr Magdeburg. Hirnloser*

Affe – Halle über. Auf der Autobahn – Dresden nach Oschatz um 15:30 Uhr waren wir in Panitz. Volle Bude und tüchtig gefeiert bis sich die Balken bogen: 10:48 Uhr

Goethe war gut denn er konnte reimen.
Rudi Carell

9:56 Uhr
Es war einmal ein Häschen mit einem stumpfen Näschen die Ohren waren so klein und kugelrund die Äuglein. Als einmal wieder Sonntag war und Häselein Geburtstag war. Da kam das Onkel Muckelchen mit seinem krummen Puckelchen und oben von der Höh die liebe Tante Reh. Alle Tiere groß und klein konnten sich mit Häschen freun. Häschen hat Geburtstag tralalala….

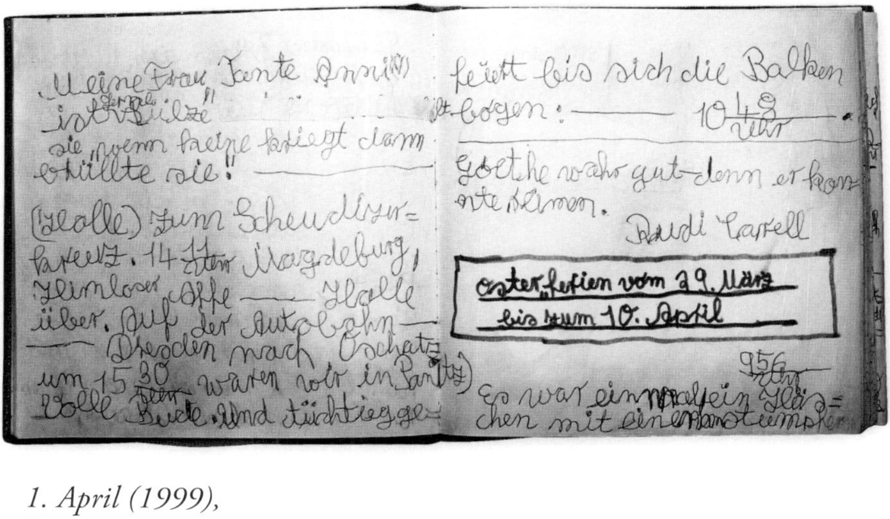
Meine Frau Tante Anni ist „Sülze"
sie wenn keine kriegt dann
ehüllte sie!!
(Halle) zum Scheudlitz=
kreuz. 14 Uhr Magdeburg,
Hirnloser Affe — Halle
über. Auf der Autobahn
— Dresden nach Oschatz
um 15 30 Uhr waren wir in Panitz)
Volle Bude. Und tüchtig ge=
feiert bis sich die Balken
bogen: — 10 48 Uhr
Goethe wahr gut denn er kon=
nte reimen.
Rudi Carell
osterferien vom 29. März
bis zum 10. April
9 56 Uhr
Es war einmal ein Häs=
chen mit einem stumpfen

1. April (1999),
Donnerstag,
9:29 Uhr
Heute fahren Mama und auch ich in den E.N.N.P.K. bei Hagen in Westfalen. Um uns von Bad Pyrmont zu erholen. Und auch mal was anderes zu erleben. –

OSTERN 1999

Ostern feierte Dagmar im Kreise der Freunde und der Familie. Sie bekam zahlreiche Geschenke, die sie gewissenhaft aufzählte:

Montag, 5. April (1999),
Zu 15:30 Uhr
Tante Uli Horn geborene Linden 65. Geburtstag
Wir waren außerdem noch bei Tante Christel und Onkel Fritz (mit Dorothea, Christine, Friedrich, Claus, Carolin, Victoria Trautenau und -
Alles war wunder schön dort. –
Bis zu 18:30 Uhr
Tante Uli weiß immer noch nicht einmal das ihr Schulkamerad nicht mehr unter uns ist
Theo
1) Osterbrot von Tante Anni (Polenstr. 25)
2) Das Küken im Körbchen und 10 Markschein Margar (Grete) Hernichs.
3) Schokolade weiße Schokolade (Zähne putzen nicht vergessen) Elisabeth Radler
4) Häschen Allen Schorn, kleiner Gummibaum von Elisabeth Radler
5) 3 Filme und Ostereier
6) Gänseliesel Christa Masuren
7) Und meiner Mama:
8) Eierlikör
9) Und kleine Karte
10) Ostereier
11) Kl. Häschen: Nicklas Hansen
12) Tante Lotte 20 Marksch.

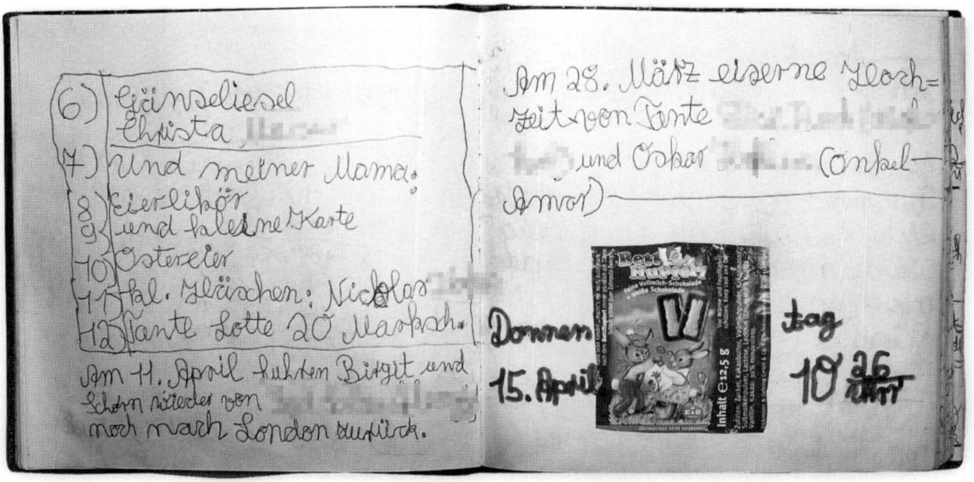

Tragische und komische Erzählungen mischen sich nun übergangslos in Dagmars Aufzeichnungen.

Dienstag,
27. April (1999), 17:04 Uhr
Kaum liegt Rudolf Hauser im Krankenhaus (wir sind alle Nachbarn-, die nicht zu ihm dürfen. Daniela und Christina dürfen selbst verständlich zu sich nach Hause kommen. Was ich nicht verstehen kann. 17:11 Uhr. Mach es wie unsere Ingrid hole dir einen Kurschatten. Bedauernd hörst du diese bemerken. Hier gibt salzig Wasser nur. Man rät Dir um Dein Herz zu stärken such dir ´nen Schatten für die Kur. 18:16 Uhr

PFINGSTEN 1999

Dagmar klagte über ihr Kurzzeitgedächtnis, und vieles bleibt nun für den Leser unverständlich.

18. Mai bis zum 23. Mai Pfingsten
8:24 Uhr war unsere gemeinsame Tante Hildegard frühere Badener bei uns zu Gast für vier Tage. (Wenn unsere Ingrid und auch Tante Anni das wüßten). Die würden vergehen nicht nur. Auch Tante Trude. Die auch dazu gehört. Bis auf Erika Hengstenberg, Tante Helme Hauser und Adolf Wenders.
- Kurz Zeit und Gedächtnisschwund- dich die auch da zu gehören. Pfingsten das liebliche Fest war gekommen. Grünten und blüten Feld und Wald. Auf Hügeln und Höhen in Büschen und Hecken übten ein fröhliches Lied die neuermunterten Vögel. Jede Wiese sproßte von Blumen in duften Gründen. Festlich heiter glänzte der Himmel und farbig die Erde.

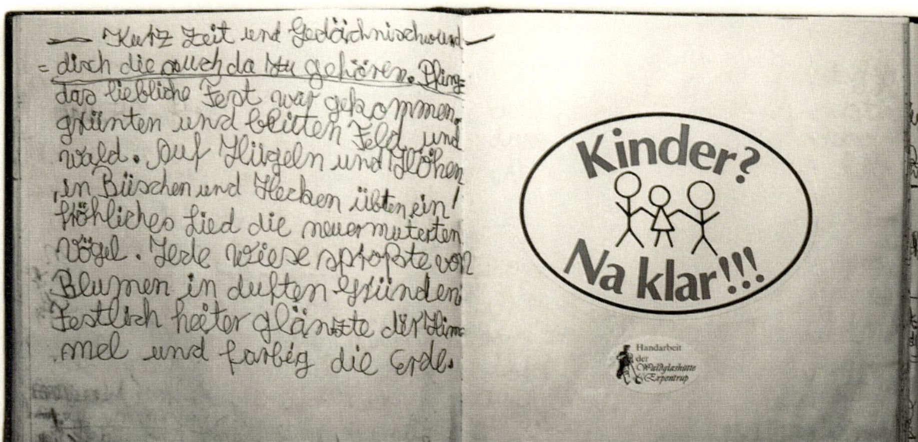

Sonntag,
30. Mai
Es riecht der Mensch, es stinkt das Pferd bei Dagmar und Mama ist es umgekehrt.

– von meiner eigenen Mama –
Am 30. Mai ist der Weltuntergang.
Am 30. Mai war meine Freundin aus Detmold mit ihrer Tochter Christine Messmer auch ein behindertes Mädchen bei uns. Dorothea Christian. Wir waren zusammen 19:09 alle in Lage Hörste mich, mein heimliches Rufen. 11:53 Uhr

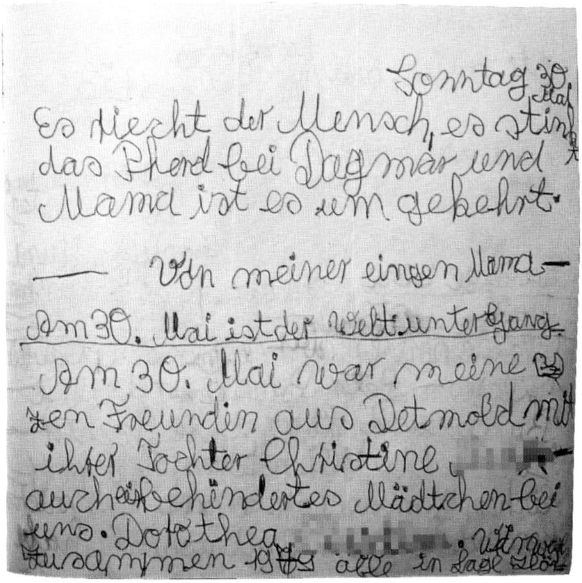
Sonntag 30. Mai
Es riecht der Mensch, es stinkt
das Pferd bei Dagmar und
Mama ist es umgekehrt.
— Von meiner eingen Mama —
Am 30. Mai ist der Weltuntergang.
Am 30. Mai war meine
Freundin aus Detmold mit
ihrer Tochter Christine [redacted]
auch ein behindertes Mädtchen bei
uns. Dorothea [redacted]. Wir waren
zusammen 19:09 alle in Lage Hörste

DER 79. GEBURTSTAG DER MUTTER

Dagmar versuchte den Geburtstag ihrer Mutter zu rekonstruieren, was ihr wieder ganz gut gelang:

Samstag,
10. Juli
Mama wurde am 10. Juli Samstag 79 Jahre alt. 1920 geboren. Tante Christel Linden (2), Margret Winklers 3, Willi Winklers 4, 5 Onkel Fritz, (mein Bruder Elmar, 7 Ilse Bart, 8 Klaus Peter Bart, Tante Annemarie 9, Onkel Schorschi 10, 11(unsere richtige Ingrid Meurer) mit unseren Spritzkuchen, 12) und mich Dagmar. Mama hat ein Fischbüfett zusammengestellt. Sondern so gar auch unsere Ingrid Meurer brachte uns alles 5000 Spritzkuchen selbst mit die sie backte. Alle waren voll begeistert auch Tante Anni Liebenau.

Auch hier hebt Dagmar ihre Betreuerinnen wieder ganz besonders hervor. Sie waren immer für sie da, wenn sie ihre Mutter nicht auf Reisen begleiten konnte. So zum Beispiel im folgenden Monat, als Dagmar nicht an der Beerdigung eines verstorbenen Freundes der Familie teilnehmen konnte. Während ihre Mutter und ihr Bruder zur Trauerfeier fuhren, wurde sie daheim von ihren Betreuerinnen versorgt.

Freitag,
6. August 12:15 Uhr
statt unsere Ingrid (die neuer Dings wieder einmal krank ist) lautete ein Beschluß das Tante Anni hier her kommen muß. Um sich zu kümmern. Weswegen wohl: zu einer Beerdigung nach Bochum zu Rolf Winklers. Wenn meine Mama und auch mein Bruder Elmar auch hin mußten. Bis zu 15:30 Uhr.

Freitag,
7. August
Statt unsere Ingrid sich kümmert um mich: wird sie so plötzlich krank. Wenn meine Mama und auch mein Bruder Elmar verreisen Bochum-Linden. Kümmert sich Tante Anni Liebenau um mich. Und spielt mit mir. Und in der kommenden Woche wird Tante Anni 65 Jahre am 11. August 1999. Da hatte ich fantastische Betreuung was ich mir sehnlichst wünschte.

KURZE AUSFLÜGE

Ende 1999 nahm Dagmar wieder an einigen Ausflügen teil, die sie sowohl humorvoll als auch mit interessanten Details kurz beschrieb:

Samstag,
4. September, 12:40 Uhr
Zu 14:00 Uhr lädt uns Ursela Benke ein zu einer fantastischen Kutschfahrt „ein Hoch zu Bus" was wir uns alle wünschten nach Olderdissen in den wunderschönen Heimattierpark zum erobern zum spazieren gehen. Mit Bus sind wir dort hingefahren. Fast das ganze Wohnheim mit Frau Reiter, Frau Mühlen, Frau Bröder, Herrn Hennes waren auch mit. Erst fand ein Kaffee trinken mit Apfelkuchen statt dann haben wir die Tieranlagen im schönen Teuteburgerwald besichtigt. Es war sehr schön und um 18:30 Uhr waren wieder zu Hause in Bad Pyrmont 18:00 Uhr.

8. Sept. (1999), 9:48 Uhr, Mittwoch
Machten wir mit unserer Ingrid und auch Tante Charlotte Lemke einen fantastischen Ausflug nach Schloss Vinsebeck (wo Grieseldies verfilmt wurde 1973. Nach unserer Hedwig Courths Mahler). 12:51 Uhr

DAGMARS SECHZEHNTES UND LETZTES TAGEBUCH

Im letzten Tagebuch beschrieb Dagmar ihren 46. Geburtstag sehr kurz.

Montag den 18. Oktober (1999) war der Geburtstag von mir:
Montag mein Geburtstag waren alle meine Gäste hier. Alle meine lieben. Es waren: 1) Anneliese Reiter, 2) Helene Mühlen, 3) Tante Anni Liebenau, 4 Ingrid Meurer, Magdalene Schildgen, 5 Heinz Schildgen, 6 Hildegard Lächter, 7 Onkel Fritz, 8 Tante Christel, 9

Am folgenden Tag erwähnte Dagmar nicht den Geburtstag ihres verstorbenen Vaters, den sie sonst nie vergessen hatte. Dafür zählt sie aber die Besucher auf, die nachträglich zu ihrem Geburtstag kamen.

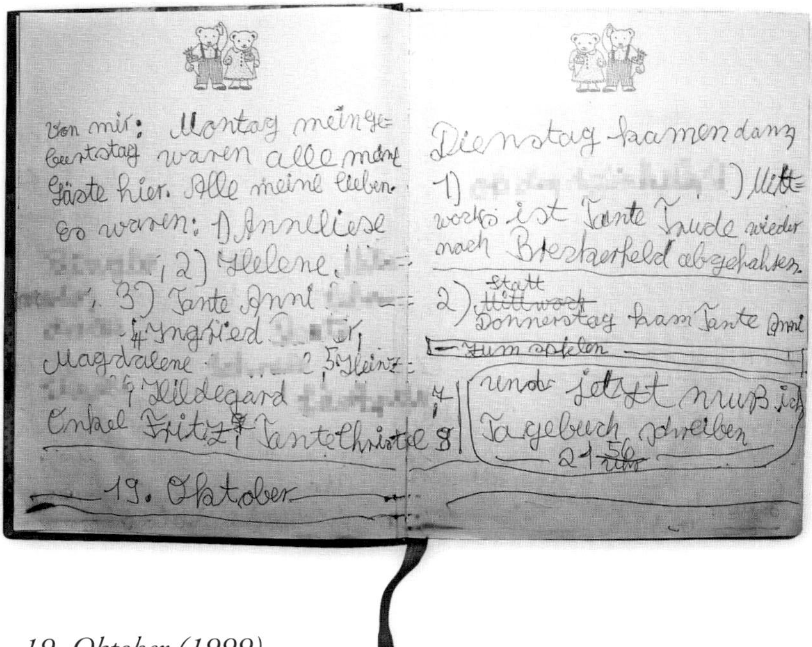
Von mir: Montag mein Ge-
burtstag waren alle meine
Gäste hier. Alle meine lieben
es waren: 1) Anneliese
[redacted], 2) Helene [redacted]
3) Tante Anni [redacted]
4) Ingried [redacted]
Magdalene [redacted] 5) Heinz
[redacted] 6) Hildegard [redacted]
Onkel Fritz 7) Tante Christel 8)
19. Oktober

Dienstag kamen dann
1) [redacted]) Mitt-
wochs ist Tante Trude wieder
nach Breckerfeld abgefahren.
2) Statt ~~Mittwoch~~ Donnerstag kam Tante Anni
zum spielen
und jetzt muß ich
Tagebuch schreiben
21 56 Uhr

19. Oktober (1999)
Dienstag kamen dann 1) Winklers, 2) Mittwochs ist Tante Trude wieder nach Breckerfeld abgefahren.
2) Statt Mittwoch Donnerstag kam Tante Anni zum Spielen.
Und jetzt muß ich Tagebuch schreiben
21:56 Uhr

Man merkt an den folgenden Eintragungen, dass Dagmar nicht mehr belastbar war und zusehends unter ihren getrübten Sinnen litt.

Dienstag 26. Okt. (1999)
17:07 Uhr
Heute waren wir beide in der Sudheide 12 bei Edith Schremm mit Marga (Grete) Hernichs und auch (Grete). 17:24 Uhr. Nun bin auch ich wieder heil froh, wenn Frau Hernichs bald wieder nach Neu Ulm wieder abfährt am 29. Oktober. (Ich brauche wieder meine Frieden) um mich aus zu ruhen. 17:43 Uhr
Freitag,
29. Okt. (1999), 10:48 Uhr
Ich bin völlieg durch einander im Augenblick alles geht durch einander. Sämtliche Fotos. Nicht einmal die von unseren Hausers Alter Bach 9 wo Rudolf Hauser eine Nierenversagen hat Erika Hauser, Daniela, Andrea und auch Christina. Sebastian Schremm Rudolf Hauser hat ein Nierenversagen. (Spätestens Wenn du bewusstlos lässt der Krampf nach). 12:05 Uhr

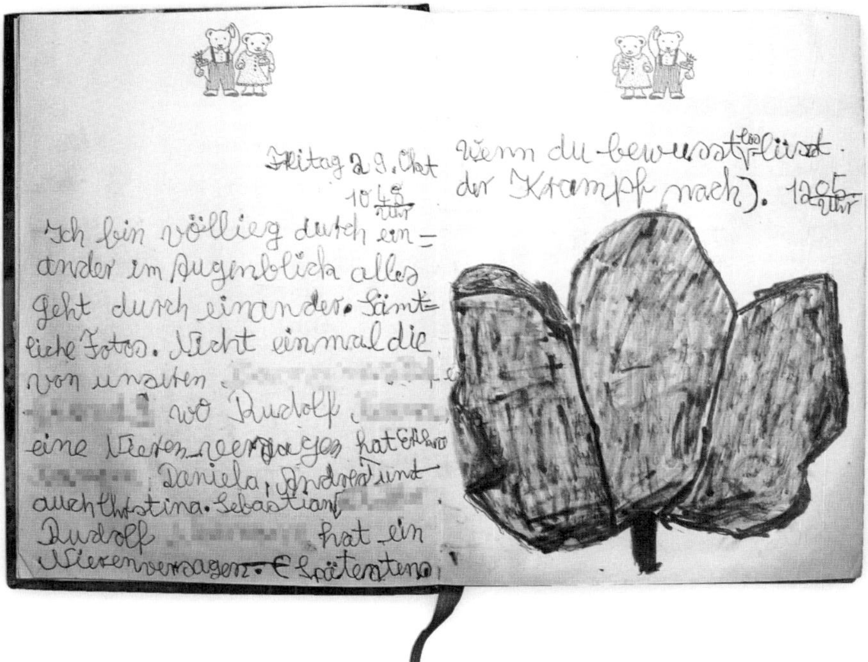
Freitag 29. Okt
10 48 Uhr
Ich bin völlieg durch ein=
ander im Augenblick alles
geht durch einander. Sämt=
liche Fotos. Nicht einmal die
von unseren [redacted]
[redacted] wo Rudolf [redacted]
eine Nierenversagen hat Erika
[redacted] Daniela, Andrea und
auch Christina. Sebastian [redacted]
Rudolf [redacted] hat ein
Nierenversagen. (Spätestens
Wenn du bewusstlos lässt
der Krampf nach). 12 05 Uhr

FREUD UND LEID IHRER BETREUUNG

Dagmars größte Freude war oft die Zeit, die sie mit ihren Betreuerinnen verbringen durfte.

Donnerstag,
18. November (1999), 10:28 Uhr
Mein herzens Geburtswunsch ist mir auch erfüllt worden „Durch unsere Tante Anni" das mein herzens – Mama nach Hannover fahren durfte und mit Tante Annemarie Messmers. Ich denke sehr gern daran zurück. Das war spitze so was gibt es ganz selten bei uns.
11:21 Uhr

Dienstag,
30. November (1999), 11:05 Uhr
Heute ist meine herzens Freundin wieder bei mir Ingrid meine Mama fuhr nach „zu Tante Ruth Röcker (mit Matthias)". Das war mein herzens Wunsch auch zu Weihnachten 1999. Bei mir war z.Zt. meine sehnlichste Freundin Ingrid auch bei mir. Die mit mir spielte auch (Gibt es ganz selten) das waren meine herzens Wünsche.
19:51 Uhr

Aber diese Freude wurde wieder durch Schuldgefühle getrübt, die Dagmar ihrer Betreuerin gegenüber aufbaute. Ausgelöst wurden sie durch einen Stuhl, den Dagmar in ihrem Zimmer regelrecht zerstörte.

DAS DRAMA UM DEN ZERSTÖRTEN STUHL

Eines Tages zerstörte Dagmar einen Stuhl in ihrem Zimmer. Sie schnitt das Polster auf und zerbrach den Holzrahmen. Warum sie das tat, erklärte sie nicht. Auch ihre Mutter konnte diesen Vorfall nicht erklären.
Auf ihrem Wunschzettel an den Weihnachtsmann und an das Christkind im selben Jahr tauchte ein neuer Stuhl für ihr Zimmer auf.

> *Samstag,*
> *20. Nov. (1999), 12:45 Uhr*
> *Lieber Weihnachtsmann und liebes Christkind*
> *Ich wünsche mir was sehnlichstes das beide fantastischen Freundinnen zu uns weiter kommen dürfen. Im Jahre 2000. Unsere Ingrid und auch unsere Tante Anni zum putzen „und zum spielen". Die beiden liebe ich heiß und innig. Ich freue mich immer darauf. (Und mächtig) Ich wünsche mir auch ganz fest was unser Karlchen wieder ganz gesund wird zu 2000. Sondern auch Christa Masuren aus Bad Oeynhausen. Auch Christa Masuren, die auch sehr gern zu uns kommt zum Tee trinken. Auch Tante Trude darf „auch wieder kommen für vier Wochen . (Sowie Marga/rete Hernichs). Was ich mir auch sehnlichst wünsche mit Tante Trude. Zum Weihnachts Markt zu kommen. Wo ich auch fotografieren darf. Ich wünsche mir was sehnlichstes das ich am 30. November zu unserer Ingrid darf. Ich wünsche mir wieder einen neuen und Wunder schönen Stuhl für mein wunder schönes Kinder Zimmer. Das unsere Ingrid nicht weiß davon was mir passiert ist. Am Samstag den 18. Dez.*
>
> *Ich bin wunschlos glücklich*

Über das Weihnachtsfest berichtete Dagmar nichts in ihrem Tagebuch. Auch der Jahreswechsel zur Jahrtausendwende blieb unerwähnt.
Der von ihr zerstörte Stuhl beschäftigte sie jedoch auch noch im nächsten Jahr und löste neue Ängste aus.

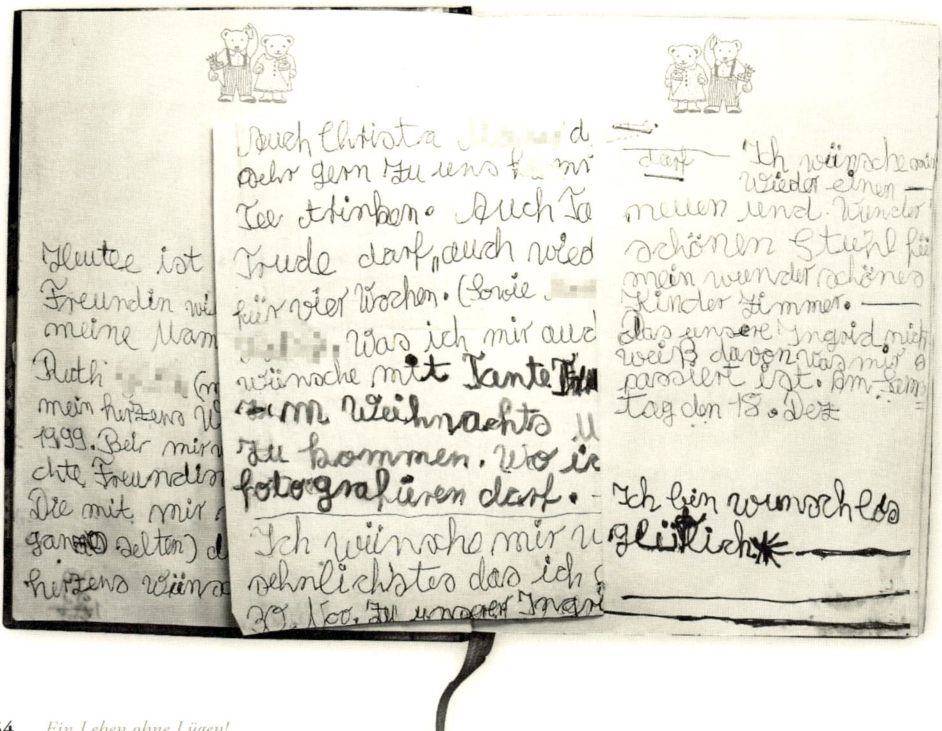
Ich wünsche mir
wieder einen
neuen und wunder
schönen Stuhl für
mein wunderschönes
Kinder Zimmer.
Ich bin wunschlos
glücklich

6. Januar (2000), 10:38 Uhr
Deine Omi (unsere Ingrid) ist mir etwas strengstens böse geworden, weil ich meinen Stuhl zertrümmert habe. Meine herzens Freundin bleibt sie seit 1969. Sie kann sagen was sie will, ich meine herzens und liebste Freundin die mich massiert und auch umarmt mich. Wir fahren zu drei mann und besuchen ihren liebling (Karlchen) Ziernau. Wir fahren zu drei mann nach Schwerte und besuchen ihn. Wir beide freuen uns schon mächtig darauf.

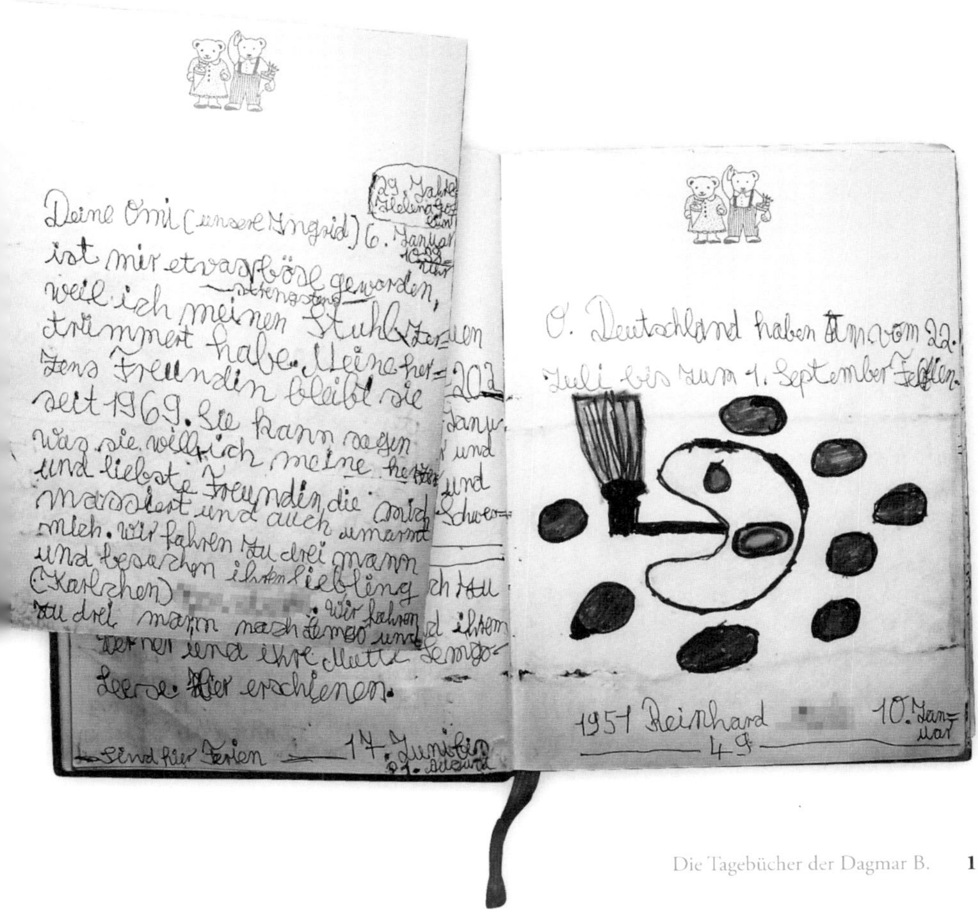

Dagmar schrieb wieder einen Entschuldigungsbrief an Ingrid, den sie nie abschickte.

> *22. Jan. (2000), 10:18 Uhr*
> *Liebe Ingrid!*
> *Ich möchte mich ganz sehnlichst bei meiner allerliebsten und herzlichsten Freundin sehr entschuldigen du weißt weswegen meines Stuhles. Ich habe es nicht gewollt es ist für mich sehr schmerzlich gefallen. Entschuldige für alles. Sonst werde ich noch trauriger in meinem ganzen Leben das auch im Namen meiner herzens Mama. Ich wünsche mir weiter das du mich betreust. Das habe ich nicht absichtlich gemacht.*
> *Deine aller liebste Dagmar*
> *16:48 Uhr*

Dagmar konnte nicht ertragen, dass ihre Betreuerinnen böse auf sie waren, und wünschte sich nichts sehnlicher, als dass sie zu ihr kommen durften.

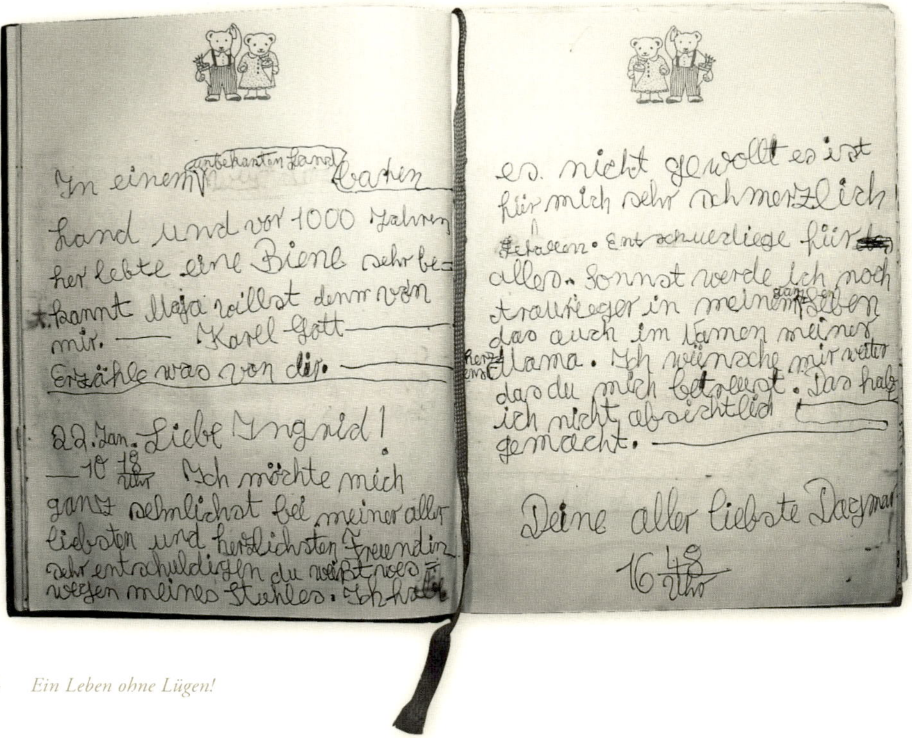

18:25 Uhr
Donnerstag
18:28 Uhr 24. Febr. (2000)
Wir waren heute bei Tante Christel Linden mit Konstantin und Dorothea Humbold und Nikolaus.
18:50 Uhr
Mein herzens Wunsch ist für mich das unsere Tante Anni bei uns kocht. Und unsere Ingrid bei mir auch wieder schläft. Weswegen wohl das meine herzens Mama in Ruhe nach München zur Beerdigung zu Tante Ursel fährt. Dienstag 22. Feb.
Donnerstag der 2. März ihr Mann ist am 22. Februar so plötzlich verstorben. Bitte, bitte lieber Weihnachtsmann und auch liebes Christkind. Es ist mein herzens Wunsch. 20:00 Uhr
Das meine herzens Mama wieder nach München fährt zur Beerdigung.

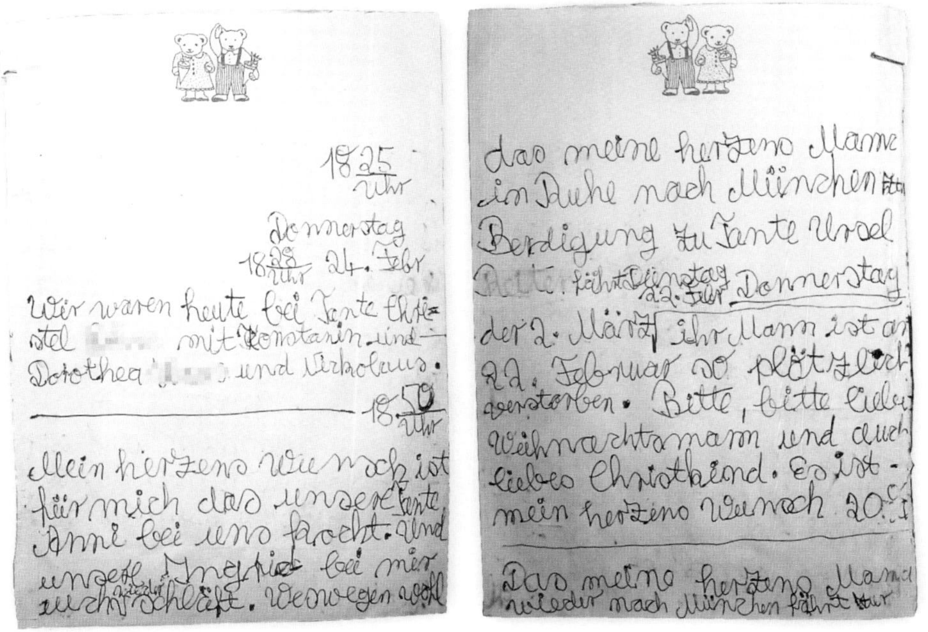
18 25 Uhr
Donnerstag
18 28 Uhr 24. Febr
Wir waren heute bei Tante Christel [illegible] mit Konstanin und Dorothea [illegible] und Nikolaus.
18 50 Uhr
Mein herzens Wunsch ist für mich das unsere Tante Anni bei uns kocht. Und unsere Ingrid bei mir auch schläft. Weswegen wohl
das meine herzens Mama in Ruhe nach München Berdigung zu Tante Ursel fährt Dienstag 22. Febr Donnerstag der 2. März ihr Mann ist am 22. Februar so plötzlich verstorben. Bitte, bitte lieber Weihnachtsmann und auch liebes Christkind. Es ist mein herzens Wunsch 20 Uhr
Das meine herzens Mama wieder nach München fährt zur

DAGMAR MOCHTE NICHT MEHR REISEN

Nachdem Dagmar früher sehr gerne mit ihrer Mutter verreist war, blieb sie nun lieber zu Hause und genoss dort die Betreuung. Als sie mit ihrer Mutter zu einer Beerdigung nach München fahren sollte, hatte sie Schwierigkeiten, die Reiseplanung zu verstehen.

Dienstag,
4. April (2000)
25. Febr. 1942 geboren Doris Bahren so das sie so plötzlich verstarb. Und das auch keine Beileitsanzeigen im Schwarzwald sowie Onkel Armor und auch Tante Else (die nur noch weinen). Deswegen fahren wir nach München zu unserer Tante Ursel und München-Haar zu meiner Bärbel. Es ist alles so verstrickt. Und kurz nach Braunau zu Tante Herma (Ursel) zu besuchen. (Nach Braunau zu Tante Herma (und unsere (falsche Ingrid in Linz).

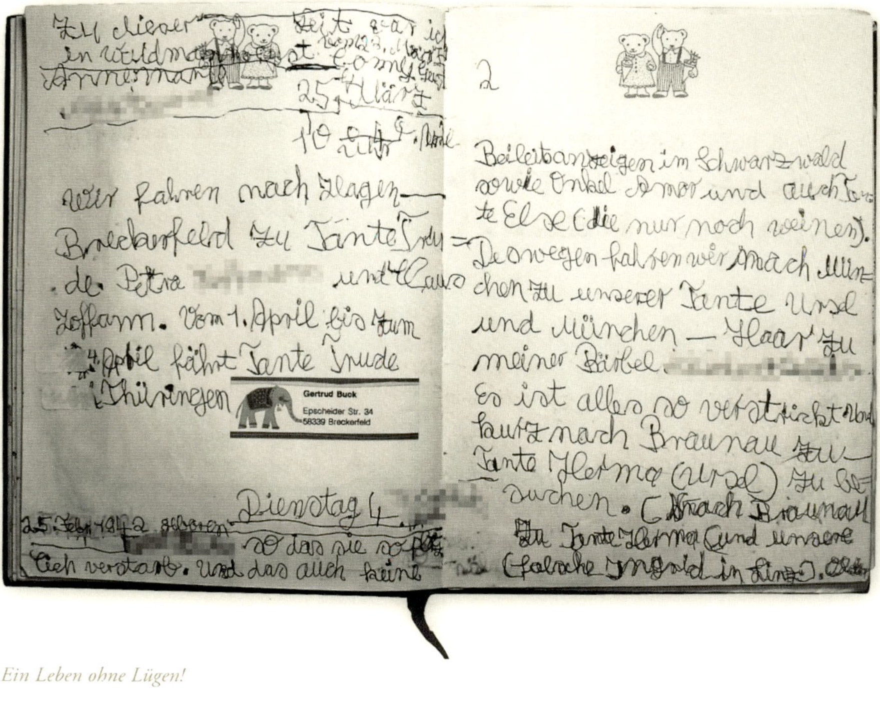

Samstag 8. April (2000)
wir sind 10:30 Uhr nach München-Haar abgefahren. Ich habe viel unterwegs gemauzt, weil ich lieber zu Hause geblieben wäre. Abends bei Bärbel pünktlich angekommen und keine Hausnummer gewußt. Aber es hat sich alles geklärt
Wir sind im Garten beim Ostereier suchen.
Schöner Abend bei unserer Bärbel und auch Werner. Donnerstag ging es über Wasserburg zu Tante Herma, Gunda und auch Werner. Donnerstag ging es über Wasserburg zu Tante Herma und Gunda nach Braunau. Monika Pächter (mein Bluts Bruder). Freitag zu Tante Ursel Reitmann und dann zum Starnberger See schönes Mittagessen am See in der Sonne. Tante Ursel hat sich gefreut. Abends wieder bei Bärbel und Werner. Samstag ist Mama allein nach München gefahren und hat sich und an der Stadt erfreut.

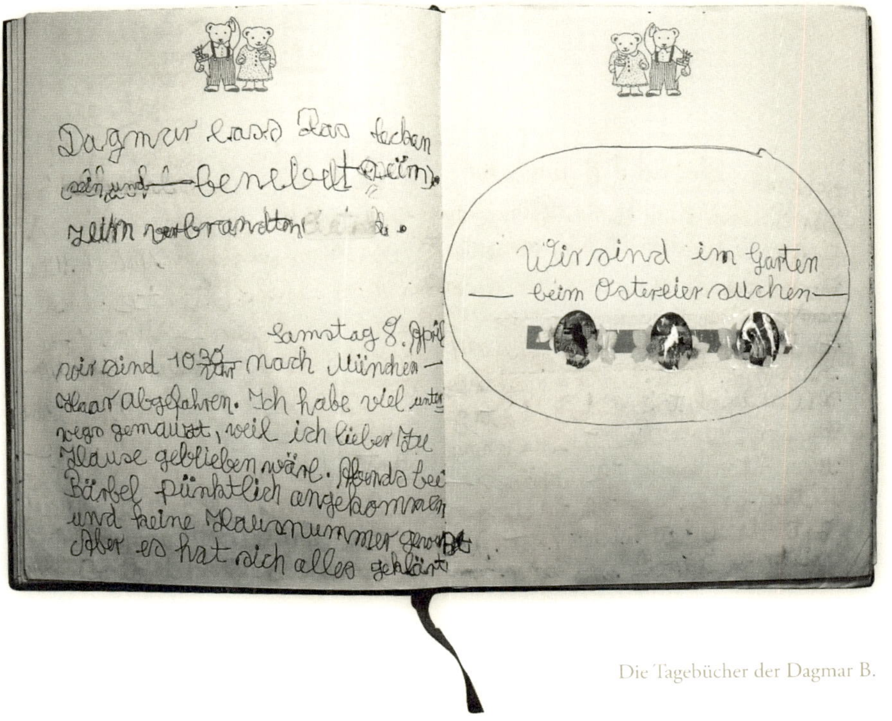

Um Dagmar für eine Reise nach Ostdeutschland zu begeistern, lockte ihre Mutter sie damit, dass sie dort fotografieren sollte. Aber Dagmar wäre wohl lieber zu Hause geblieben.

18:10 Uhr, Freitag,
19. August (2000)
Fahren wir nach (Ost) Deutschland zu Tante Hildegard Fleischer. (Nach Panitz bei Riesa an der Elbe). Bis 20. August. (Kurz Zeit Gedächtnis.) Damit ich nicht ganz vertrottel hier in Bad Pyrmont. Wer kümmert sich um unsere Wohnung unsere Ingrid Meurer. Im ganzen Haus. Denn ich fahre auch mit um zu fotografieren.

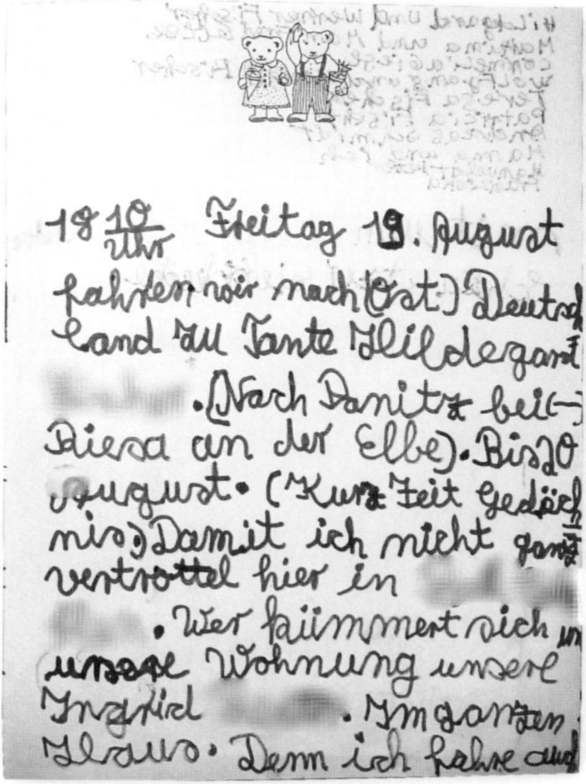

18 10 Uhr Freitag 19. August
fahren wir nach (Ost) Deutsch
land zu Tante Hildegard
[redacted] . (Nach Panitz bei
Riesa an der Elbe). Bis 20
August. (Kurz Zeit Gedäch
nis) Damit ich nicht ganz
vertrottel hier in [redacted]. Wer kümmert sich um
unsere Wohnung unsere
Ingrid [redacted]. Im ganzen
Haus. Denn ich fahre auch

GERDA B. FEIERT IHREN 80. GEBURTSTAG

Dass es Dagmar mittlerweile sehr schlecht ging, merkt man auch an der kurzen Beschreibung des 80. Geburtstages ihrer Mutter:

> *Montag,*
> *10. Juli (2000), 10:06 Uhr*
> *Hat meine herzens Mama ihren 80. Geburtstag was wir ganz groß feiern werden in Haus Hamburg bei meinen großen Liebling „Willie Mennigen. (mein Hoss Cartweiht) Dan Blocker) aus Bonanzer. Unsere Ingrid Lohofstr. backt – unserer gemeinsame Spritzkuchen und auch Tante Anni unsere Friesen Torte. Und ich darf auch meinem Fotoapparat mit nehmen.*

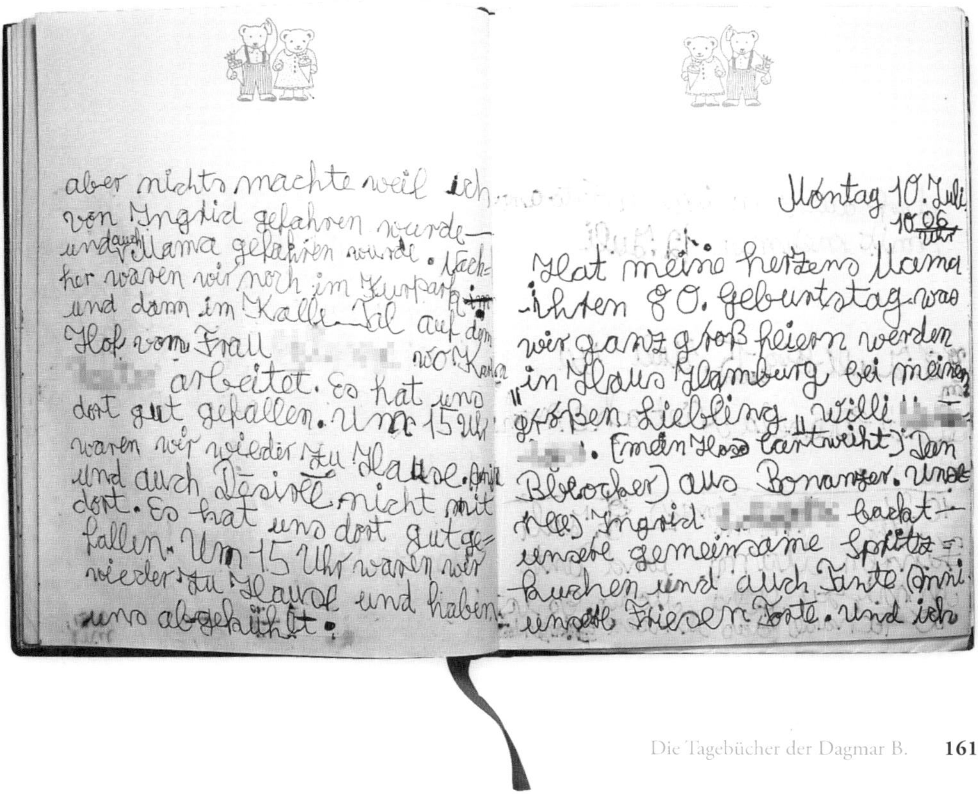

aber nichts machte weil ich
von Ingrid gefahren wurde
und auch Mama gefahren wurde. Nach-
her waren wir noch im Kurpark [illegible]
und dann im Kalle-Tal auf dem
Hof vom Frau [redacted] wo [illegible]
[redacted] arbeitet. Es hat uns
dort gut gefallen. Um 15 Uhr
waren wir wieder zu Hause. [illegible]
und auch Desirée nicht mit
dort. Es hat uns dort gut ge-
fallen. Um 15 Uhr waren wir
wieder zu Hause und haben
uns abgekühlt.

Montag 10. Juli
10.06 Uhr
Hat meine herzens Mama
ihren 80. Geburtstag was
wir ganz groß feiern werden
in Haus Hamburg bei meinen
großen Liebling „Willi [redacted]
[redacted]. (mein Hoss Cartweiht) Dan
Blocker) aus Bonanzer. Unse-
rer Ingrid [redacted] backt –
unsere gemeinsame Spritz-
kuchen und auch Tante Anni
unsere Friesen Torte. Und ich

Dagmars Reiseunlust hielt an. Als sie im August nicht mit ihrer Mutter und ihrem Bruder wegfahren musste, war sie überglücklich.

Montag,
28. August (2000)
Heute fährt meine Mama mit Elmar mein Bruder nach Königs Winter. Wir haben statt (Tante) Anni unsere Ingrid Meurer hier aus der Lohofstr. 95. Das ist für mich ein wunderbares Geschenk meines Lebens. 9:24 Uhr

Auch im September blieb Dagmar gerne zu Hause, als ihre Mutter ihren erkrankten Bruder besuchte.

Donnerstag,
28. Sept. (2000)
9:45 Uhr Heute ist Tante Anni wieder bei uns, weil Mama in West Berlin ist bei ihrem Bruder der so krank

Linsensuppe
Apfel, Pfannkuchen
Linsensuppe
Königsberger Klopse
Himmel und Erd
Möhren Suppe
Hat Tante Anni für uns beiden gekocht

In Dagmars letztem Lebensjahr blieb ihr 47. Geburtstag im Tagebuch unerwähnt. Ihre Mutter erzählt, dass Dagmar ihn nicht mehr so engagiert feiern konnte, wie sie es sonst von ihr gewohnt war. Sie war auffallend ruhig. Ihre Geburtstagsanrufe wurden von Dagmar erstmals nicht schriftlich notiert.
Dabei hatte Dagmar noch im Juni an ihren bevorstehenden 47. Geburtstag gedacht:

Freitag, 2. Juni (2000)
9:56 Uhr
Gestern waren wir in Minden bei unserer Tante Trude mit Frau Holmes die Mutti zu meiner Petra. Die auch mit mir zusammen 47 Jahre wird. Die auch nun sehr krank und bedrückt aussieht. Weil sie auch sehr krank ist. Hoffentlich kommt sie nicht ins Krankenhaus. Darüber bin ich auch sehr bedrückt. Ich möchte das sie gern weit.

Dagmars vorletzter Eintrag ins Tagebuch galt der Uhrenumstellung von der Sommer- auf die Winterzeit.

Uhrenum-stellung Sonntag 29.-
Oktober 200 Nachts.

Dagmars letzter Eintrag ins Tagebuch:

Von 29. Okt. bis 2.11 war Patricia Fleischer in Bad Pyrmont zu Besuch.

Dagmar wurde am 15. November 2000 ins Krankenhaus gebracht, da sie zu Hause von einer Ohnmacht in die nächste fiel. Die Ärzte konnten jedoch nichts feststellen. Wenn Dagmar aus der Ohnmacht aufwachte, fragte sie ihre Mutter nach dem Namen der Krankheit, die sie wohl nun hätte, und wann dieser Zustand endlich wieder aufhören würde. Doch es gab keinen Namen für ihren Zustand, der sich nicht mehr verbesserte. Im Krankenhaus hatte Dagmar nur noch wenige wache Momente, von

denen ihre Mutter berichtet. Dazu zählt Dagmars kecke Begrüßung der Mutter nach der ersten Nacht im Krankenhaus: „Na, Mama, wie kommst du denn jetzt so ohne mich zurecht?“
Doch dann redete sie wieder völlig Unverständliches. An ihrem letzten Tag brachte Gerda B. ihrer Tochter frisch gepressten Orangensaft mit ins Krankenhaus. Darüber freute sich Dagmar sehr, und es entlockte ihr den letzten Satz, den ihre Mutter verstehen konnte: „Endlich mal was Gescheites, Mama!“ Sie trank das Glas Orangensaft mit großem Appetit aus.

Am gleichen Tag, dem 18. November 2000, starb Dagmar gegen 17:00 Uhr, einen Monat nach ihrem 47. Geburtstag. Ihre Mutter hatte für eine halbe Stunde das Krankenhaus verlassen, um etwas zu erledigen. Einerseits ist sie sehr traurig darüber, dass sie zur Todeszeit nicht am Bett ihrer Tochter war. Andererseits glaubt sie, dass Dagmar sterben konnte, weil sie sie für einen Moment allein gelassen hatte. Dass Dagmar vor ihr aus dem Leben geschieden ist, empfindet sie schmerzlich und dennoch als ein Erlösung.

Während ich dieses Buch über Dagmars Tagebücher schrieb, wurden viele Erinnerungen wach. Ich danke Gerda B. für die Zeit, die ich in ihrem Haus verbringen durfte, um Dagmars Tagebücher zu lesen und mich mit ihr über Dagmar zu unterhalten. Das Tagebuchlesen in Dagmars Zimmer, in dem fast alle Texte von ihr geschrieben wurden, war ein Erlebnis für sich. Der kleine Raum strahlte eine tiefe Ruhe aus und vermittelte mir ein gutes Gefühl. Ich lernte Dagmar durch ihren Bruder kennen, den ich an dieser Stelle ebenfalls für seine Unterstützung danken möchte. Seine Schwester war ein außergewöhnlicher Mensch.
Wir sind uns alle sicher, dass Dagmar ihre Freude an der Veröffentlichung ihrer Tagebücher gehabt hätte!

In der Vorweihnachtszeit 1999 schrieb Dagmar eines ihrer Lieblingslieder ins Tagebuch:

> *Freitag 3. Dezember (1999)*
> *10:19*
> *Weißt du wie viel Sternlein stehen an dem blauen Himmelszelt-*
> *Weißt du wie viel Wolken gehen*
> *Weit hin über aller Welt.*
> *Gott der Herr hat sie gezählet, daß ihm auch nicht eines fehlet an der ganzen großen Zahl an der ganzen großen Zahl. Weißt du wie viel Mücklein spielen in der heißen Sonnenglut. Weißt du wie viel Fischlein sich auch kühlen in der hellen Wasserflut? Gott der Herr rief sie mit Namen, dass sie alle ins Leben kamen das sie nun so fröhlich sind.*

Es wurde zu ihrer Beerdigung gespielt.

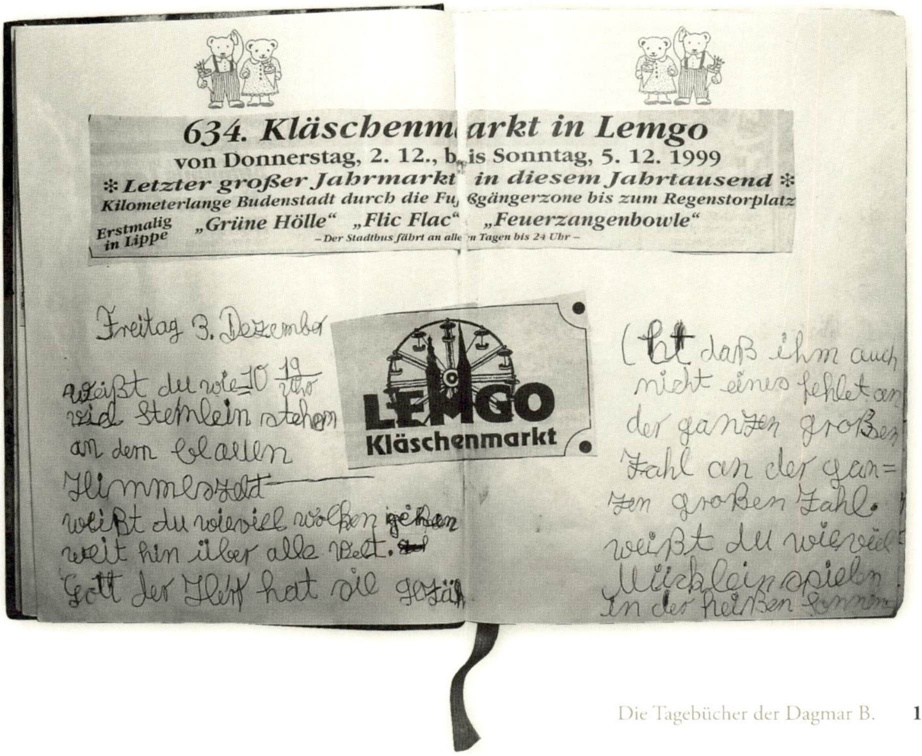

Erinnerungen einer Erzieherin
an die Familie Goebbels – 1943 bis 1945

Die Kinder des Reichsministers

von Petra Fohrmann

Käthe Hübner war in den letzten Kriegsjahren von 1943 bis 1945 Erzieherin der Goebbels-Kinder Helga, Hilde und Helmut. Sie ist einer der wenigen Zeitzeugen, die uns einen Einblick in das private Umfeld der Familie Goebbels geben können. Dies tut sie erstmals in diesem Buch mit Hilfe ihrer Erinnerungen an eine Zeit, die sechzig Jahre zurückliegt. Ihre persönlichen Fotos und Briefe von Magda Goebbels und ihren sechs Kindern sind dabei einmalige Dokumente, die hier erstmals veröffentlicht werden.